Dan Smith

Das Wissensquiz

DAN SMITH

Das WISSENS-QUIZ

50 RÄTSEL MIT 550 FRAGEN UND ÜBER 3000 ANTWORTEN

AUS DEM ENGLISCHEN
VON MATTHIAS SCHULZ

Anaconda

Titel der englischen Originalausgabe:
»More Answers Than Questions: Where Every Quiz Has Many Answers and You Need to Find Them All!«
First published in Great Britain in 2018
by Michael O'Mara Books Limited, London.

Die Deutsche Nationalbibliothek verzeichnet diese Publikation in der Deutschen Nationalbibliografie; detaillierte bibliografische Daten sind im Internet unter http://dnb.d-nb.de abrufbar.

Umschlaggestaltung: Druckfrei. Dagmar Herrmann, Bad Honnef
Umschlagabbildungen: designed by freepik.com (Doodlerahmen, Apfel, Glühbirne, Bleistift, Globus, Wolken) und Dagmar Herrmann
Satz und Layout: Achim Münster, Overath
Printed in Czech Republic 2018
ISBN 978-3-7306-0641-4
www.anacondaverlag.de
info@anacondaverlag.de

EINLEITUNG

Das hier ist ein Rätselbuch, aber nicht so eines, wie Sie es vielleicht sonst kennen. Hier gilt: Je weiter Sie innerhalb eines Themas voranschreiten, desto mehr Antworten pro Frage sind gefordert. Wenn Sie bei einem Quiz zur letzten Frage gelangen (der geheimnisvollen Frage 11), kann es sein, dass Sie Dutzende Antworten geben müssen.

Und wie funktioniert das? Wie bei vielen anderen Rätselbüchern auch wird hier die ganze Palette des Wissens abgefragt. Thematisch geht es von Wissenschaft und Weltraum über Geografie, Lebensmittel, Sport bis hin zur Kunst – und so ziemlich alles dazwischen. Wir kratzen nicht nur an der Oberfläche, es geht auch in die Tiefe. Wie viel wissen Sie wirklich über ein bestimmtes Thema? Den Namen des ersten Menschen auf dem Mond kennen die meisten, den des zweiten vielleicht auch noch, aber wer weiß die Namen aller Menschen, die je den Mond betreten haben? Können Sie alle Dramen Shakespeares aufzählen? Wer hat seit 1990 alles den Oscar als »Bester Film« gewonnen? Welche Länder haben den Warschauer Pakt ins Leben gerufen? Wer waren die Gründungsmitglieder von One Direction?

Hier können Sie unter Beweis stellen, wie clever Sie wirklich sind – und Sie können die eine oder andere Wissenslücke schließen. Lassen Sie sich überraschen.

Ich garantiere, dass niemand die Antworten auf alle Fragen hier wissen wird. Falls jemand tatsächlich alles wüsste, würde ich dieser Person empfehlen, ihr Wissen in den Dienst der Menschheit zu stellen und nicht mit dem Beantworten trivialer Quizfragen zu verschwenden. Aber andersherum gilt auch: Die meisten Menschen dürften durchaus einen gewissen Teil der Fragen beantworten können. Wenn Sie also nicht gerade jemand sind, der bei einem Quiz am liebsten gegen sich selbst spielt und es ganz allein mit den mehr als 700 Fragen (und den mehreren tausend Antworten) aufnehmen möchte, dann laden Sie sich doch Freunde oder Verwandte ein und gehen Sie es gemeinsam an. Es gibt Quizspiele, die ein gemütliches Miteinander innerhalb weniger Minuten in ein blutiges Gemetzel verwandeln, aber hier geht es eher darum, an einem Strick zu ziehen. Hier gilt: »Gemeinsam sind wir stark!« Stellen Sie sich als Team den Fragen und jedes Team-Mitglied wird Gelegenheit bekommen, sein Wissen unter Beweis zu stellen und zu glänzen.

Also: Gehirnschmalz aktivieren, bequemen Stuhl holen und los geht die Prüfung auf Herz und Nieren. Freuen Sie sich, wenn Sie etwas richtig haben, ärgern Sie sich, wenn Ihnen die Antwort auf der Zunge liegt, Ihnen aber auf Teufel komm raus nicht einfällt, staunen Sie über den bunten Strauß an verrückten und wunderbaren Haufen an unnützem Wissen, aber vor allem – haben Sie Spaß!

Fragen

ALLGEMEINWISSEN I

1

Zu welcher Pflanzenart gehört die Vanillepflanze?

2

Welche beiden Brüder gehörten der Rockband Oasis an?

3

Welche drei deutschen Städte haben die meisten Einwohner?

4

Die Köpfe welcher vier amerikanischen Präsidenten sind am Mount Rushmore abgebildet?

5

Welche fünf Künstler wurden als das »Rat Pack« bezeichnet?

6

Welche sechs Farben hatte der ursprüngliche Zauberwürfel?

7

Was waren die Sieben Weltwunder der Antike?

8

Bis 2016 hatten acht Männer acht oder mehr Goldmedaillen bei Olympischen Sommerspielen gewonnen. Wie heißen sie?

9

Es gibt neun Hauptstädte, die mit dem Buchstaben D beginnen. Welche sind das?

10

Durch welche zehn amerikanischen Bundesstaaten verläuft der Mississippi?

11

Erklären Sie, was sich hinter folgenden Berufsbezeichnungen verbirgt (oder verbarg): Bursche, Höker, Kalligraf, Küfer, Pfeifenbäcker, Stauer, Stellmacher, Trödler, Türmer und Zofe

Antworten auf Seite 140

LÄNDER DER WELT

1

Welches Land wird vollständig von Südafrika eingeschlossen?

2

Zwei Kleinstaaten sind politisch mit Neuseeland assoziiert.
Wie heißen sie?

3

Welche Staaten gehören zu den Benelux-Ländern?

4

Es gibt außer Deutschland noch vier Staaten, die mit dem Buchstaben D beginnen. Welche?

5

Früher hießen sie Abessinien, Britisch-Honduras, Ceylon, Siam und Süd-Rhodesien. Wie heißen diese Länder heute?

6

Welche sechs Staaten verfügen über die größten bekannten Ölreserven?

7

Ungarn hat sieben Nachbarstaaten. Welche?

8

Aus welchen acht Territorien und Staaten setzt sich Australien zusammen?

9

Zu welchen Staaten gehören die folgenden Territorien? Åland-Inseln, Ashmore- & Cartierinseln, Bouvetinsel, Curaçao, Färöer, Guam, Macao, Niue und Saint-Pierre & Miquelon

10

Welche zehn Länder können die meisten Weltkulturstätten vorweisen?

11

1991 zerfiel die Sowjetunion in fünfzehn Staaten. Können Sie alle aufzählen?

Antworten auf Seite 142

SPORT I

1

Welcher Mannschaft ist deutscher Handball-Rekordmeister der Herren?

2

Welche beiden Boxer stiegen beim »Rumble in the Jungle« gegeneinander in den Ring?

3

Welche drei Sportarten gehören zu einem normalen Triathlon?

4

Aus welchen vier Turnieren setzen sich die Golf Majors zusammen?

5

Welche fünf Rugby-Nationen standen bislang in einem WM-Finale der Rugby-Union?

6

In der Saison 1992/93 wurde im Herrenfußball erstmals die UEFA Champions League ausgetragen. Welche sechs Teams gewannen als erste den Titel?

7

Welche sieben Positionen gibt es beim Netball?

8

Welche acht Nationen (Stand: 2018) sind bislang Fußball-Weltmeister der Herren geworden?

9

Welche neun Positionen gibt es beim Baseball?

10

Welche zehn Tennisspieler waren bislang am längsten die Nummer 1 in der Weltrangliste der Herren?

11

Welche zwölf Nationen waren bislang (Stand: 2018) Gastgeber der Olympischen Winterspiele?

Antworten auf Seite 144

KINO I

1

In welcher Stadt findet man Bollywood?

2

Welche beiden Charaktere erlebten 1991 eine »verrückte Reise in die Zukunft«?

3

Welche drei Farben waren titelgebend in der Drei-Farben-Trilogie von Krzysztof Kieslowski aus den 1990er-Jahren?

4

Wer waren die Regisseure dieser Filme? *Die wunderbare Welt der Amélie*; *Cinema Paradiso*; *Tiger and Dragon* und *Das Leben ist schön*

5

Wie hießen die fünf Marx Brothers auf der Bühne mit Vornamen?

6

Bis 2018 haben sechs Schauspieler James Bond im Kino gespielt. Welche?

7

Wie heißen die sieben Zwerge in Walt Disneys Film *Schneewittchen und die sieben Zwerge* (1937)?

8

Wer spielte diese legendären Filmfiguren? Atticus Finch (*Wer die Nachtigall stört*), Don Vito Corleone (*Der Pate*), Jack Sparrow (*Fluch der Karibik*), Joker (*The Dark Knight*), Luke Skywalker (*Krieg der Sterne*), Norman Bates (*Psycho*), Rocky Balboa (*Rocky*) und Tyler Durden (*Fight Club*)

9

Zwischen 1968 und 2017 entstanden neun Filme aus der Reihe *Planet der Affen*. Können Sie alle aufzählen?

10

Aus welchen Musicalfilmen sind die folgenden Lieder? »All that Jazz«, »Circle of Life«, »Don't Rain on my Parade«, »Edelweiss«, »Good Morning«, »Hopelessly devoted to You«, »Let's Go Fly a Kite«, »The Boy next Door«, »Time Warp« und »Tomorrow Belongs to Me«

11

Bis 2018 entstanden insgesamt zwölf Muppet-Filme. Wie hießen sie?

Antworten auf Seite 146

GEKRÖNTE HÄUPTER

1

Wer war Roms erster Kaiser?

2

Kim Il-sung war der erste Staatschef von Nordkorea, aber wie hießen sein Sohn und sein Enkel, die nach ihm die Macht übernahmen?

3

Napoleon hat auf drei Inseln gelebt. Welchen?

4

1867 endete das Shogunat in Japan, seitdem hatte das Land vier Kaiser. Wie hießen sie?

5

Erkennen Sie diese Herrscher und Herrscherinnen an ihrer Beschreibung? Britische Königin von 1837 bis 1901; Kaiser Äthiopiens von 1930 bis 1974; König in Frankreich von 1774 bis 1792; König von Mazedonien von 336 bis 323 vor Christus; russischer Zar von 1894 bis 1917

6

Wer waren die First Ladies dieser amerikanischen Präsidenten? George Washington, Franklin D. Roosevelt, John F. Kennedy, Richard Nixon, Gerald Ford und George Bush Senior

7

William Henry Harrison starb 1841 als erster amtierender Präsident der USA. Seitdem sind sieben weitere Präsidenten der USA im Amt gestorben. Welche?

8

Bis 2018 hatten die Vereinten Nationen acht Generalsekretäre. Zählen Sie alle auf.

9

Die Geschichte von König Artus und den Rittern der Tafelrunde hat einen festen Platz in der europäischen Literatur. Die Anzahl der »edelsten« und »besten« der Ritter variiert allerdings in den unterschiedlichen Erzählungen mitunter enorm. Welche neun Ritter gehören in allen Geschichten dazu?

10

Aus welchen Häusern/Dynastien stammten die folgenden Monarchen und Monarchinnen? Kleopatra VII. (Ägypten), König Edward VII. (Großbritannien), Karl V. (Heiliges Römisches Reich), Nikolaus II. (Russland), Elisabeth I. (England), Karl der Große, Ludwig XIV. (Frankreich), König Salomon, Viktor Emmanuel II. (Italien) und Puyi (China)

11

Welche 14 Personen haben zwischen 1949 und 2018 das Amt des Vizepräsidenten der Vereinigten Staaten ausgeübt?

Antworten auf Seite 148

LANDTIERE

1

Wie viele Teile hat ein Kuhmagen?

2

Wie heißen die Kamele mit einem Höcker und die mit zwei?

3

Welches sind die drei schnellsten Landtiere?

4

Wie heißen die vier schwersten Landtiere?

5

Die Kategorie »Menschenaffen« beziehungsweise »Hominide« umfasst fünf Arten. Welche?

6

Welches sind die sechs größten Katzenarten?

7

Wie heißen die Männchen der folgenden Arten? Reh, Murmeltier, Ziege, Pferd, Gans, Ente und Schaf

8

Es gibt acht Hauptarten von Bären. Wie heißen sie?

9

Wie heißen die Weibchen der folgenden Arten? Kamel, Reh, Esel, Hase, Fuchs, Ziege, Wildschwein, Schaf und Ratte

10

Wie heißen die Jungen dieser zehn Tiere? Reh, Libelle, Aal, Ziege, Gans, Murmeltier, Känguru, Auster, Spinne und Schwan

11

Wie lauten die Trivialnamen zu diesen wissenschaftlichen Namen? Pongo, Bos taurus, Cannis lupus familaris, Capra aegagrus hircus, Equus quagga, Loxodonta africana, Macropus rufus, Ovis aries, Pan troglodytes, Panthera leo, Sus scrofa domesticus und Vulpes vulpes

Antworten auf Seite 150

LITERATUR I

1

In welchem Franz-Kafka-Roman erwacht Gregor Samsa als ein Ungeziefer?

2

Welches literarische Paar hatte seinen ersten Auftritt in der Erzählung *Eine Studie in Scharlachrot*?

3

Wie heißen die Brüder Karamasow in dem gleichnamigen Werk von Fjodor Dostojewski?

4

Wie heißen die ersten vier Bücher der Bibel?

5

Aus welchen Ländern stamm(t)en die folgenden Autoren?
Jo Nesbø, Nikolai Gogol, Orhan Pamuk, André Brink und Milan Kundera

6

Der König von Narnia (oder auch: *Die Abenteuer im Wandschrank: Der Löwe und die Hexe*) war das erste Buch in der Narnia-Reihe von C.S. Lewis. Wie hießen die anderen sechs?

7

Welche sieben *Harry Potter*-Romane gibt es?

8

Alle indogermanischen Sprachen haben acht Wortarten gemein. Welche sind das?

9

Wer waren die neun Mitglieder der Ringgemeinschaft?

10

Welche Personen haben für diese Werke den Literaturnobelpreis gewonnen? *Das Bettlermädchen, Das Sein und das Nichts, Sehr blaue Augen, Buddenbrooks, Die Terroristin, Genau-so-Geschichten, Ein Tag im Leben des Iwan Denissowitsch, Quo Vadis?, Das rote Kornfeld* und *Der alte Mann und das Meer.*

11

Zählen Sie alle 36 Dramen William Shakespeares auf.

Antworten auf Seite 151

DIE 1940ER-JAHRE

1

Welche Stadt richtete 1948 die Olympischen Sommerspiele aus?

2

Auf welche beiden Städte warfen die USA im Jahr 1945 Atombomben ab?

3

Welche drei Staatsmänner kamen kurz vor Kriegsende 1945 zur Jalta-Konferenz zusammen?

4

Welches waren die vier beliebtesten deutschen Vornamen der 1940er-Jahre (2 männlich, 2 weiblich)?

5

In welchen Jahren fanden die folgenden fünf Ereignisse statt? Landung in der Normandie (D-Day); Japans Angriff auf Pearl Harbor; Leon Trotski wird ermordet; die Nato wird gegründet; der Staat Israel wird gegründet

6

Wer heiratete die folgenden sechs Personen (Jahr der Hochzeit in Klammern)? Desi Arnaz (1940), Vivian Leigh (1940), Harry James (1943), Humphrey Bogart (1945), Philip Mountbatten (1947) und Prinz Aly Khan (1949)

7

Welche sieben Länder verzeichneten die meisten Toten im Zweiten Weltkrieg?

8

Können Sie anhand der Initialen diese acht berühmten Personen identifizieren, die in diesem Jahrzehnt starben? N.T. (1856–1943, serbisch-amerikanischer Forscher und Visionär); M.P. (1858–1947, deutscher theoretischer Physiker); P.K. (1879–1940, schweizerisch-deutscher Künstler); B.M. (1883–1945, italienischer Politiker); J.M.K. (1883–1946, britischer Ökonom); S.E. (1898–1948, sowjetischer Filmemacher); L.G. (1903–41, amerikanischer Baseballstar); C.L. (1908–42, amerikanische Schauspielerin)

9

Hier sind neun Literaturklassiker aus diesem Jahrzehnt. Wer hat sie geschrieben? *Der Garten der Pfade; Säuglings- und Kinderpflege; Wem die Stunde schlägt; Der Sturm zieht auf; Ist das ein Mensch?; Kapitalismus, Sozialismus und Demokratie; Eines langen Tages Reise in die Nacht; Das andere Geschlecht; Der Fremde*

10

Welche zehn Filme gewannen von 1940 bis 1949 den Oscar in der Kategorie »Bester Film«?

11

Die folgenden Personen waren während der 1940er-Jahre Staats- und Regierungschef welcher Länder? Aung San, Benito Mussolini, Charles de Gaulle, David Ben-Gurion, Francisco Franco, Fulgencio Batista, Getúlio Vargas, Ho Chi Minh, Liaquat Ali Khan, Peter Fraser, Schah Reza Pahlavi und Robert Menzies

Antworten auf Seite 153

SPORT UND FREIZEIT

1

Was ist beim Dart die niedrigste Punktzahl, die man nicht mit einem einzigen Pfeil erreichen kann?

2

1972 lieferten sich in Island zwei berühmte Schachspieler einen legendären Kampf um den Weltmeistertitel. Wie hießen die beiden?

3

Welches sind auf einem klassischen deutschen Monopoly-Brett die drei teuersten Grundstücke?

4

Welche vier Farben haben die Karten in einem französischen Blatt?

5

Wir haben die Namen einiger Kampfsportarten eingedeutscht. Wie heißen sie im Original? »Leere Hand«, »Der sanfte Weg«, »Die sanfte Technik«, »Der Weg der Harmonie mit der Energie des Universums« und »Der Weg des Schwerts«

6

Welche sechs Figuren gibt es beim Schachspiel?

7

Tangram ist ein altes chinesisches Legespiel. Es besteht aus sieben einfachen geometrischen Formen, die durch das »Zerschneiden« eines Quadrats entstehen. Welche sind es?

8

Welche acht Farben haben die Bälle beim Snooker?

9

Welche neun Räume (Keller ausgenommen) gibt es in der klassischen Version von Cluedo?

10

Können Sie alle zehn Poker-Kombinationen aufzählen?

11

Noch einmal zurück zum Cluedo: Wer waren die sechs Verdächtigen, welches die sechs Tatwaffen?

Antworten auf Seite 155

WISSENSCHAFT I

1

Was war die große Entdeckung von James Watson, Francis Crick, Maurice Wilkins und Rosalind Franklin?

2

Wasser besteht aus welchen zwei Elementen?

3

Wie heißen die drei Kategorisierungen von Gestein?

4

Das menschliche Herz besteht aus vier Kammern. Wie heißen sie?

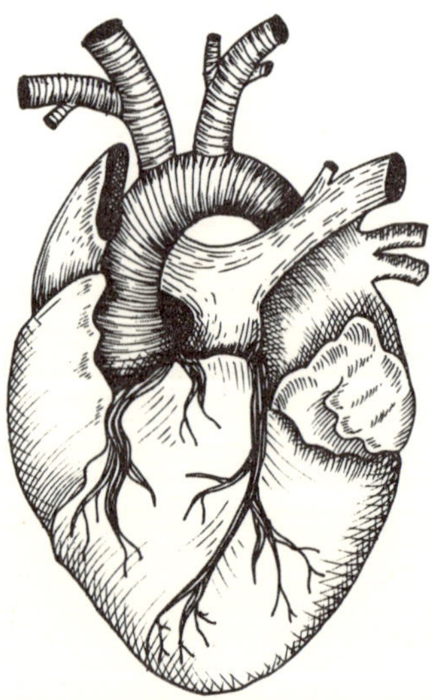

5

In unserem Sonnensystem gibt es offiziell fünf Zwergplaneten. Welche?

6

Welches sind die sechs Alkalimetalle?

7

Welches sind die sieben Basisgrößen für physikalische Größen, also die SI-Einheiten?

8

Wie heißen die acht Rangstufen der Taxonomie?

9

Wandeln Sie die folgenden neun Zahlen in Binärcode um:
1, 2, 3, 4, 5, 10, 25, 50 und 100

10

Was wird mit den folgenden Maßeinheiten gemessen? Apgar-Score, Beaufort, Douglas-Skala, Fujita, Glasgow-Koma-Skala, Kinsey, Mohs, ph, Richter und Scoville.

11

Welche elf Elemente sind bei Zimmertemperatur gasförmig?

Antworten auf Seite 156

AFRIKA

1

Welcher ehemalige Weltfußballer wurde 2018 Präsident Liberias?

2

Zur besseren Unterscheidung werden die Demokratische Republik Kongo und die Republik Kongo manchmal auch nach ihren jeweiligen Hauptstädten benannt. Wie heißen sie?

3

Von welchen Ländern wurden Libyen 1951, Burundi 1962 und Mosambik 1975 unabhängig?

4

Die Top-Level-Domains welcher Staaten haben die folgenden Kürzel: .td, .dz, .ly und .za?

5

Welche Tierarten gehören traditionell zu den Big Five?

6

Früher hießen diese Länder Basutoland, Betschuanaland, Dahomey, Goldküste, Nord-Rhodesien und Nyasaland. Wie heißen sie heute?

7

Der Äquator verläuft durch welche sieben afrikanischen Länder?

8

Wer schrieb diese Klassiker der afrikanischen Literatur? *Burgers Tochter; Die Kairoer Trilogie; Chaka der Zulu; Schande; Die hungrige Straße; Wüstenblume; Der Pfeil Gottes* und *Aké, Jahre der Kindheit*

9

In welchen Ländern findet man diese Touristenattraktionen? Anse Intendance, Black River Gorges, Djemaa El Fna, Amphitheater von El Djem, Fish River Canyon, Maasai Mara, Okawango-Delta, Pyramiden von Gizeh und Tafelberg

10

Aus welchen Ländern kamen diese Staats- und Regierungschefs? Haile Selassie, Hastings Banda, Idi Amin, Jean-Bédel Bokassa, Jomo Kenyatta, Kenneth Kaunda, Kwame Nkrumah, Mobutu Sese Seko, Nelson Mandela und Omar Bongo

11

Bekommen Sie die Hauptstädte dieser 15 Staaten zusammen? Angola, Botsuana, Burkina Faso, Ägypten, Äthiopien, Kenia, Liberia, Madagaskar, Marokko, Namibia, Nigeria, Ruanda, Sierra Leone, Sudan und Sambia

Antworten auf Seite 158

TRANSPORT

1

In welchem Jahrzehnt nahm die Londoner Underground als weltweit erste U-Bahn den Betrieb auf?

2

Wie hießen die Gebrüder Wright mit Vornamen?

3

Wie lauten die nautischen Begriffe für das Vorderteil eines Segelschiffs, sechs Fuß (1,828 Meter) Wassertiefe und eine Geschwindigkeit, die eine Seemeile pro Stunde beträgt?

4

Welche Unternehmen stell(t)en die folgenden Modelle her? Model T, Silver Ghost, Elan und Scirocco?

5

Von welchen Brücken ist hier die Rede? Hängebrücke durch die Bucht von San Francisco; halbfertige Brücke in einer französischen Stadt, die früher Papstresidenz war; altertümliche Brücke mit Geschäften, die in Florenz über den Arno führt; Brücke verbindet das schwedische Malmö mit Kopenhagen; Auslegerbrücke über den Hugli im indischen Kolkata

6

In welchen Städten liegen die folgenden Bahnhöfe? Atocha, Caminho de Ferro de Moçambique, Chhatrapati Shivaji, Gare du Nord, Grand Central, Sirkeci und Waverley Station

7

Welche sieben Nationen haben als erste Satelliten ins All geschossen? Bitte in der richtigen zeitlichen Reihenfolge!

8

Wie heißen die berühmten Autos aus diesen Filmen und TV-Serien? *Zurück in die Zukunft, Ein Duke kommt selten allein, Goldfinger, Harry Potter und die Kammer des Schreckens, Knight Rider,* der Wagen von Lady Penelope in *Thunderbirds, Starsky & Hutch* und *Das A-Team*

9

In welchen Ländern liegen diese berühmten Rennstrecken? Mount Panorama in Bathurst, Estoril, Hungaroring, Interlagos, Laguna Seca, Le Mans, Monza, Silverstone und Spa-Francorchamps

10

Wohin geht es bei Zielflughäfen mit dem folgenden Kürzel? ARN, BAI, JFK, LAX, LHR, LOS, NRT, SHA, SYD und TXI

11

Aus welchen Ländern kommen die folgenden Autohersteller? Dacia, Ford, Hyundai, Maserati, Morgan, Renault, Saab, Saic, Seat, Škoda, Tata und Toyota

Antworten auf Seite 159

MUSIK I

1

Um welche Person ging es in Elton Johns Lied »Candle in the Wind« ursprünglich?

2

Wessen professionelle Rivalität stand 1984 im Mittelpunkt von Milos Formans Film *Amadeus*?

3

Wer waren bei den Drei Tenören die drei Tenöre?

4

Wer waren die vier Original-Mitglieder der Monkees?

5

Wie waren die Spitznamen der fünf Spice Girls?

6

In der klassischen Gesangstradition des Westens ist der Bass die tiefste Stimmlage. Wie heißen die anderen sechs Stimmlagen?

7

Aus dem Album *Thriller* von Michael Jackson erreichten sieben Singles die Top 10 der US-Charts. Wie hießen sie?

8

Unter welchen Spitznamen waren die folgenden Jazzmusiker und -musikerinnen bekannt? Louis Armstrong, Edward Kennedy Ellington, William Basie, John Gillespie, Billie Holiday, Julian Adderley, Thomas Waller und Charlie Parker

9

Wie heißen einem beliebten Weihnachtslied zufolge die neun Rentiere, die den Schlitten des Weihnachtsmanns ziehen?

10

Wer hat die folgenden Opern komponiert? *Don Giovanni* (1787), *Fidelio* (1805), *Der Barbier von Sevilla* (1816), *La Traviata* (1853), *Carmen* (1875), *Der Ring des Nibelungen* (1876), *Eugen Onegin* (1879), *Tosca* (1900), *Peter Grimes* (1945) und *Nixon in China* (1987)?

11

Welche Stars der Popmusik heißen bürgerlich so? Paul Hewson, Reginald Dwight, Stevland Hardaway Judkins, David Jones, Farrokh Bulsara, Georgios Panayiotou, Gordon Sumner, Anna Mae Bullock, Robert Zimmerman, Brian Warner, Chaim Witz, James Newell Osterberg Jr, Michael Balzary, Marvin Aday, John Ritchie und Saul Hudson

Antworten auf Seite 161

ALLGEMEINWISSEN II

1

Grönland ist ein autonomes Territorium welchen Staats?

2

Zwei Archipele im Atlantik sind autonome Regionen Portugals. Wie heißen sie?

3

Welches sind die drei größten abrahamitischen Religionen?

4

An der Hogwarts Schule für Hexerei und Zauberei gibt es vier unterschiedliche Häuser. Wie heißen sie?

5

Welche fünf Mitglieder gehören zum engsten Familienkreis der *Simpsons*?

6

Es gibt sechs Hauptformen von Dreiecken. Welche?

7

Aus welchen sieben Nationen setzt sich Mittelamerika zusammen?

8

Können Sie alle acht Mitglieder der klassischen Besetzung von Beatles und Queen aufzählen?

9

Welche neun Staaten grenzen an die Ostsee?

10

Es gibt zehn Staaten, deren Name mit einem i endet. Welche?

11

Der Vatikanstaat ist eine absolute Wahlmonarchie. Welches sind die 11 anderen europäischen Monarchien?

Antworten auf Seite 163

GESCHICHTE I

1

Welcher portugiesische Entdecker erreichte als erster Europäer Indien auf dem Seeweg?

2

Wie hießen während der deutschen Trennung die Hauptstädte von BRD und DDR?

3

Mit welchen drei Schiffen machte sich Christopher Kolumbus 1492 das erste Mal auf den Weg in die Neue Welt?

4

Welche vier US-Präsidenten fielen einem Attentat zum Opfer?

5

Wer waren die fünf Kaiser der julisch-claudischen Dynastie (27 vor Christus bis 54 nach Christus)?

6

Wer waren die sechs Frauen von Englands König Heinrich VIII.?

7

Welche Staats- und Regierungschefs verbergen sich hinter diesen Spitznamen? Dubya, Honest Abe, Ike, Mutti, Iron Lady, Il Duce und Tricky Dicky

8

Wer wurde berühmt als: erstes Tier in einer Erdumlaufbahn; erster Athlet, der bei den Olympischen Spielen den Titel über 100 und 200 Meter Sprint verteidigen konnte; erste Ministerpräsidentin Pakistans; erster Marathonläufer (laut der griechischen Legende); erster Mensch, der die Meile in unter vier Minuten lief; erster Einhandsegler, der nonstop die Welt umsegelte; erster Chirurg, der beim Menschen eine Herztransplantation vornahm; erster Mensch am Südpol?

9

Welche neun berühmten Schlachten verbergen sich hinter diesen Jahres- und Ortsangaben? 31 vor Christus, Acarnarnia; 1066, England; 1097/98, Türkei; 1415, Frankreich; 1805, Moravia; 1863, Pennsylvania; 1917, Belgien; 1944, Italien; 1968, Süd-Vietnam

10

In welchen Jahren fanden diese Ereignisse statt? Al-Qaida greift das World Trade Center an; Christoph Kolumbus landet in der Neuen Welt; die UdSSR zerbricht; der amerikanische Bürgerkrieg endet; der Erste Weltkrieg endet; Mao Zedong wird Vorsitzender der chinesischen KP; Nelson Mandela wird Präsident von Südafrika; Indien wird geteilt; die Magna Carta wird unterzeichnet; die Vereinigten Staaten erklären ihre Unabhängigkeit

11

Nach wem wurden diese Orte benannt? Bolivien, Kolumbien, El Salvador, Georgetown (Guyana), Monrovia (Liberia), Pittsburgh (USA), Port Louis (Mauritius), Pretoria (Südafrika), Athen, Sydney, Virginia (USA) und Washington, D.C. (USA)

Antworten auf Seite 165

GEOGRAFIE I

1

In welchem Land liegt der Balaton?

2

Zwischen welchen Städten verkehrte der Orientexpress ursprünglich?

3

Welches sind die nach dem Mount Everest drei höchsten Gipfel im Himalaya?

4

Welche vier Länder beginnen mit dem Buchstaben V?

5

Welche fünf Karibiknationen haben die meisten Einwohner?

6

Welches sind die längsten Flüsse in Afrika, Asien, Nordamerika, Südamerika, Australien und Europa?

7

Welches sind (laut World Waterfall Database) die sieben höchsten Wasserfälle der Welt?

8

Welche acht Seen bedecken weltweit die größte Fläche?

9

Wo findet man die folgenden neun Sehenswürdigkeiten? Akropolis, CN Tower, Kolosseum, Hagia Sofia, Heldenplatz, Kreml, Tal der Könige, Victoria Harbour und das Archipel The World?

10

Welches sind (absteigend nach Größe sortiert) die zehn kleinsten souveränen Staaten der Welt?

11

Welche Währung wird in den folgenden Ländern verwendet? Brasilien, China, Tschechien, Ungarn, Israel, Japan, Malaysia, Marokko, Polen, Russland, Venezuela und Vietnam

Antworten auf Seite 167

DIE 1950ER-JAHRE

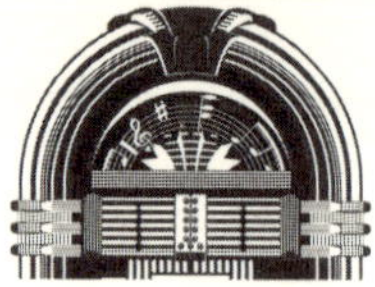

1

Wie hieß die farbige amerikanische Menschenrechtsaktivistin, die sich 1955 in einem Bus weigerte, ihren Sitz aufzugeben?

2

Welche Städte richteten die Olympischen Sommerspiele 1952 und 1956 aus?

3

Wer spielte in den *Sissi*-Filmen Kaiserin Elisabeth, Kaiser Franz Joseph und Sissis Vater Herzog Max?

4

In welchen Jahren fanden diese Ereignisse statt? James Dean stirbt; die Sowjetunion schießt den Sputnik ins All; Erstbesteigung des Mount Everest; Winston Churchill wird zum zweiten Mal britischer Premierminister.

5

Wen hat das *Time*-Magazin in den folgenden Jahren zur »Person des Jahres« gekürt (als kleine Hilfestellung in Klammern die Initialen)? 1953 (K.A.), 1954 (J.F.D.), 1957 (N.C.), 1958 (C.D.G.) und 1959 (D.D.E.)

6

1957 entstand durch die Römischen Verträge die Europäische Wirtschaftsgemeinschaft. Welche sechs Staaten waren die Gründungsmitglieder?

7

Wen haben die folgenden sieben Personen geheiratet (Jahr der Eheschließung in Klammern)? Anne Frances Robbins (1952), Roger Vadim (1952), Jacqueline Bouvier (1953), Mel Ferrer (1954), Arthur Miller (1956), Fürst Rainier von Monaco (1956) und Robert Wagner (1957)

8

Können Sie anhand der Initialen die acht berühmten Personen ausmachen, die in diesem Jahrzehnt starben? W.R.H. (1863–1951, amerikanischer Medienmogul); F.L.W. (1867–1959, amerikanischer Architekt); J.S. (1878–1953, russischer Politiker); D.R. (1886–1957, mexikanischer Wandmaler); I.N. (1896–1958, ungarischer Politiker, der nach dem Volksaufstand von 1956 hingerichtet wurde); G.O. (1903–50, britischer Autor); A.T. (1912–54, britischer Computerpionier); E.P. (1919–52, argentinische Politikerin)

9

Wer hat in den 1950er-Jahren die folgenden Literaturklassiker geschrieben? *Die Blechtrommel; Traurige Tropen; Doktor Schiwago; Fahrenheit 451; Ich, der Robot; Kon-Tiki; Lolita; Verführtes Denken* und *Unterwegs – On the Road*

10

Welche zehn Filme gewannen zwischen 1950 und 1959 den Oscar in der Kategorie »Bester Film«?

11

Welche Staaten regierten die folgenden Personen während der 1950er-Jahre? Adolfo Ruiz, Alcide De Gasperi, Éamon de Valera, Faisal II, Josip Broz Tito, König Idris, Otto Grotewohl, John Diefenbaker, Nikita Chruschtschow, Robert Menzies, Tage Erlander und Urho Kekkonen

Antworten auf Seite 169

BERÜHMTE PERSÖNLICHKEITEN I

1

Das Grab welchen ägyptischen Herrschers entdeckte Howard Carter 1922?

2

Wie waren die Namen der Opfer, die O.J. Simpson umgebracht haben soll?

3

Wer waren die Mitglieder des ersten Triumvirats von Rom?

4

Wer waren die Autoren der vier Evangelien?

5

Wer gehörte zu den Jackson 5?

6

Wie hießen die ersten sechs Frauen im All?

7

Mit welchen Berühmtheiten waren die folgenden Personen verheiratet? Amenhotep IV. (Echnaton), Marie-Antoinette, Mary Shelley, Pocahontas, Königin Mumtaz Mahal, Robert Browning und Wallis Simpson

8

Welches berühmte Unternehmen haben die folgenden Personen im angegebenen Jahr gegründet? J. C. Jacobsen (1847); Sir Thomas Sutherland (1865); Yataro Iwasaki (1870); David H. McConnell (1886); John Pemberton und Asa Candler (1892); Charles Coffin, Edwin Houston, Elihu Thomson und Thomas Edison (1892); Adolf Dassler (1924) und Richard Branson (1972)

9

Neun amerikanische Vizepräsidenten stiegen zum Präsidenten der USA auf, weil der amtierende Präsident starb oder sein Amt niederlegte. Wer waren die neun?

10

Von welchen Entdeckern ist hier die Rede? Kapitän, der Australiens Ostküste für Großbritannien in Besitz nahm; spanischer Entdecker, der im 16. Jh. das Aztekenreich für sich beanspruchte; chinesischer Entdecker, der zwischen 1405 und 1433 sieben Seereisen in den Indischen Ozean unternahm; italienischer Entdecker, nach dem Amerika benannt ist; Italiener, der am Hofe von Kublai Khan lebte; Niederländer, der Neuseeland entdeckte; italienischer Seefahrer, der lange als Entdecker Amerikas galt; Liebling der britischen Königin Elisabeth I., trotz Entdeckungen später hingerichtet; Mann, der als erster Weltumsegler gilt, obwohl er starb, bevor sein Schiff wieder in Spanien anlegte; schottischer Missionar, der als erster Europäer die Victoriafälle zu sehen bekam

11

Das sind die Geburtsnamen von 15 Personen, die unter einem anderen Namen deutlich berühmter wurden. Von wem ist die Rede? Frederick Austerlitz, Norma Jeane Baker, Frances Gumm, Caryn Johnson, Allen Konigsberg, Ehrich Weiss, Marion Morrison, Edson Arantes do Nascimento, François-Marie Arouet, Julia Wells, Carlos Irwin Estévez, Nicolas Coppola, Audrey Ruston, Sofia Scicolone und Jean-Baptiste Poquelin

Antworten auf Seite 170

DIE KÜNSTE I

1

1911 stahl Vincenzo Peruggia welches Gemälde?

2

In Raffaels berühmtem Fresco *Die Schule von Athen* stehen im Bildmittelpunkt welche beiden Philosophen?

3

In welchen Jahrhunderten wurden diese Kunstwerke erschaffen? *Die Enthauptung Johannes des Täufers* (Caraveggio), *Sternennacht* (Vincent van Gogh) und *Venus von Urbino* (Tizian)

4

In welchen Opern tauchen diese Bösewichte auf? Barnaba, der Herzog von Mantua, Peter Quint und Scarpia

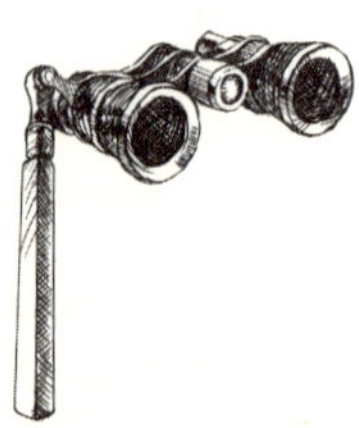

5

Welche Maler erschufen die folgenden Werke? *American Gothic*, *Die Arnolfini-Hochzeit*, *Bal du moulin de la Galette*, *Guernica* und *Die Nachtwache*

6

Wer hat diese Ballettwerke komponiert? *Schwanensee* (1876), *Giselle* (1841), *Romeo und Julia* (1938), *Der Feuervogel* (1910), *La Bayadère – Die Tempeltänzerin* (1877) und *A Midsummer Night's Dream* (1962)

7

Wo kann man die folgenden großartigen Kunstwerke bewundern? *Les Demoiselles d'Avignon* (Pablo Picasso), *Die Geburt der Venus* (Sandro Botticelli), *Book of Kells*, *Der Garten der Lüste* (Hieronymus Bosch), *Das Jüngste Gericht* (Michelangelo), *Das letzte Abendmahl* (Leonardo da Vinci) und *Mona Lisa* (Leonardo da Vinci)

8

Welche acht Künstler dienten als Inspiration für die folgenden Filme? *Inferno und Ekstase*, *Big Eyes*, *Frida*, *Mädchen mit dem Perlenohrring*, *Ein Leben in Leidenschaft*, *Mr Turner*, *Mein linker Fuß* und *Séraphine*

9

Wie heißen laut Hesiod die neun Musen der alten Griechen?

10

Aus welchen Ländern stamm(t)en die folgenden Künstler und Künstlerinnen? Ai Weiwei, Edvard Munch, Frida Kahlo, Gustav Klimt, Jackson Pollock, Michelangelo, Rembrandt, René Magritte, Salvador Dalí und Wassily Kandinsky

11

Wie heißen die 14 komischen Opern von Gilbert & Sullivan?

Antworten auf Seite 172

HOCH IN DEN LÜFTEN

1

Welcher Vogel ist auf dem Siegel der Vereinigten Staaten zu sehen?

2

Welche beiden Nationen haben gemeinsam das überschallschnelle Passagierflugzeug Concorde entwickelt?

3

Welche drei Vögel haben die größte Spannweite überhaupt?

4

In welche vier Hauptkategorien werden Wolken unterteilt?

5

Forscher unterteilen die Erdatmosphäre in welche fünf grundlegenden Schichten?

6

Welche sechs (zum Teil ausgestorbenen) Arten gehören neben den Straußen zur Gruppe der Laufvögel?

7

Aus welchen sieben Farben besteht ein Regenbogen?

8

Welche Fliegerasse verbergen sich hinter diesen Beschreibungen? Der Rote Baron; erster Amerikaner, der die Erde umkreiste; erste Frau, die allein über den Atlantik flog; reicher Luftfahrtpionier und Erbauer der »Spruce Goose«; erster Mensch, der in einem Heißluftballon alleine nonstop die Welt umflog; Brüder, die den ersten praktischen Heißluftballon entwickelten; flog mit der *Spirit of St. Louis* von New York nach Paris; Kapitän der *Enola Gay*

9

Welches sind die größten Meere auf dem Mond (allesamt mit einem Durchmesser von über 500 Kilometern)?

10

Wie heißen die zehn hellsten Sterne, die man von der Erde aus sehen kann?

11

Wie heißen diese Berühmtheiten, die bei Flugzeugunglücken ihr Leben verloren? R.A., 1872–1928, norwegischer Entdecker; S.C.B., 1897–1945, indischer Politiker; A.J., 1903–41, britische Luftfahrtpionierin; D.H., 1905–61, schwedischer Generalsekretär der Vereinten Nationen; R.M., 1923–69, amerikanischer Boxer; B.H., 1936–59, amerikanischer Sänger; O.R., 1941–67, amerikanischer Sänger; S.F., 1944–2007, amerikanischer Abenteurer; L.K., 1949–2010, Präsident Polens; S.R.V., 1954–90, amerikanischer Bluesgitarrist; H.C., 1969–2002, Kapitän der südafrikanischen Cricket-Nationalmannschaft; A., 1979–2001, amerikanische Sängerin.

Antworten auf Seite 174

ESSEN UND TRINKEN I

1

Welche berühmte portugiesische Leckerei haben katholische Mönche aus dem Hieronymus-Kloster in Belem erfunden?

2

Ein »Turducken« ist ein in den USA beliebter Festtagsbraten. Welche zwei Fleischarten neben Ente sind enthalten?

3

Welche sind die mengenmäßig drei größten Weinanbaugebiete Australiens?

4

Aus welchen Ländern stammen diese Kuchen ursprünglich? Baumkuchen, Croquembouche, Dobostorte und Genoise?

5

Welche fünf Zutaten gehören auf eine klassische Pizza Margherita?

6

Welche sechs Zutaten verbergen sich hinter diesen indischen Namen? Aloo, Dhal, Gobi, Murgh, Paneer und Sag

7

Aus welchen Ländern kommen die folgenden Gewürzmischungen? Bumbu, Cajun, Fünf-Gewürze-Pulver, Jerk Spice, Mixed Spice, Viergewürz und Shichimi Togarashi

8

Welche Nationen sind weltweit führend bei der Produktion der folgenden Lebensmittel? Maniok, Kakao, Kaffee, Feigen, Oliven, Safran, Truthahn und Weizen

9

Mit welchem Essen bzw. welchen Getränken werden diese fiktiven Charaktere häufig in Verbindung gebracht? Garfield, Homer Simpson, James Bond, Jean-Luc Picard, Kojak, Paddington Bär, Popeye, die Teenage Mutant Ninja Turtles und Winnie Puuh

10

Wie heißen die Cocktails, die mit diesen Zutaten gemixt werden? Wodka, Tomatensaft, Limonensaft; Gin, Heering-Kirschlikör, Cointreau, Dom Bénédictine, Grenadine, Ananassaft, Limonensaft, Angosturabitter; Wodka, Tequila, weißer Rum, Triple Sec, Gin, Limonensaft, Gommesirup, Cola; Weißer Rum, Limonensaft, Minze, Zucker, Soda; Tequila, Cointreau, Limonensaft; Wodka mit Zitronengeschmack, Cointreau, Limettensaft, Cranberrysaft; Wodka, Galliano, Orangensaft; Wodka, Kaffeelikör, Sahne; Rye, Wermut, Angosturabitter, Cocktailkirsche

11

Aus welchen Ländern stammen diese 17 Biere? Asahi, Brahma, Carlsberg, Castle Lager, Cerveza Quilmes, Chang, Chimay, Coors Light, Harbin, Heineken, Kingfisher, Modelo, Molson, Peroni, Pilsner Urquell, Victoria Beer und Zywiec

Antworten auf Seite 176

POLITIK

1

1998 wurde US-Präsident Bill Clinton ein Verhältnis mit einer Praktikantin im Weißen Haus nachgesagt. Wie ist ihr Name?

2

Wer waren Pakistans erster Generalgouverneur und Indiens erster Ministerpräsident nach der Unabhängigkeit 1947?

3

In vielen Ländern ist die Staatsmacht in drei Zweige unterteilt. Wie heißen sie?

4

Welche internationalen Organisationen verbergen sich hinter den folgenden Abkürzungen? ICC, IWF, NATO und OECD

5

Wie heißen die fünf ständigen Mitglieder im Sicherheitsrat der Vereinten Nationen?

6

In den Vereinten Nationen gibt es sechs Amtssprachen. Das sind?

7

Welche Industrienationen haben sich zu den G7 zusammengeschlossen?

8

Welche acht Nationen haben den Warschauer Pakt gegründet?

9

In welchen Städten stehen diese Paläste? Versailles, Palazzo Pitti, Alhambra, Schönbrunn, Winterpalast, Verbotene Stadt, Topkapi-Palast, Amber-Fort und Holyrood Palace

10

In welchen Ländern heißt die Volksversammlung so: Althing, Nationalrat, Dáil, House of Lords, Knesset, Lok Sabha, Bundesversammlung, Riksdag, Sejm und Duma

11

Wenn Großbritannien die Europäische Union verlässt, besteht sie noch aus 27 Nationen. Wie heißen sie?

Antworten auf Seite 178

ASIEN

1

Wie heißen die religiösen Lehrer im Hinduismus?

2

Welches sind die zwei längsten Flüsse Asiens?

3

Welche drei Städte bilden Indiens »goldenes Dreieck«?

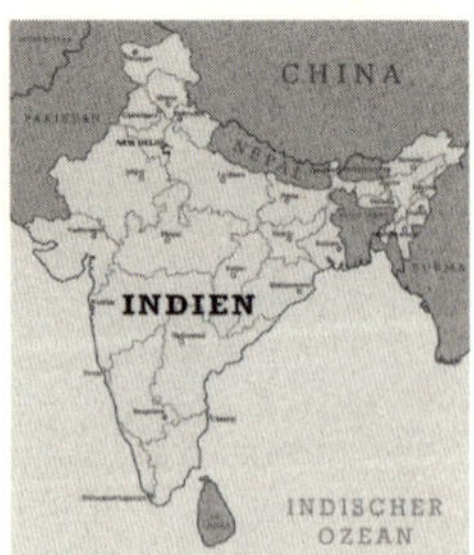

4

Wie heißen die vier Hauptinseln Japans?

5

Welche asiatischen Autoren haben diese Klassiker der Literaturgeschichte verfasst? *Tagebuch eines Verrückten* (1918), *Wilde Schwäne* (1991), *Mister Aufziehvogel* (1994), *Das Gleichgewicht der Welt* (1995) und *Der Gott der kleinen Dinge* (1997)

6

Welche Länder verbergen sich hinter diesen Länderkürzeln?
BT, IQ, KG, KP, SG und YE

7

Welches sind die sieben flächenmäßig größten Bundesstaaten Indiens?

8

In welchen Ländern findet man diese Sehenswürdigkeiten?
Angkor Wat, Borobudur, Heian-jingu, Intramuros, das Raffles Hotel, das Rote Fort, Ulleungdo und Victoria Peak

9

Welche Länder haben diese neun Persönlichkeiten angeführt (oder führen sie noch an)? Deng Xiaoping, Hirohito, Hussein I., Indira Gandhi, Nursultan Nasarbajew, Pol Pot, Saparmurat Nyyazow, Suharto und Than Shwe

10

Wie heißen die Hauptstädte dieser zehn Länder? Aserbaidschan, Bangladesch, Bhutan, Kambodscha, Laos, Mongolei, Myanmar, Nepal, Philippinen und Vietnam

11

China ist unterteilt in Provinzen, regierungsunmittelbare Städte, autonome Regionen und Sonderverwaltungszonen. Wie heißen die vier regierungsunmittelbaren Städte, fünf autonomen Regionen und zwei Sonderverwaltungszonen?

Antworten auf Seite 180

SPRACHE

1

Welches ist die traditionelle heilige Sprache im Hinduismus?

2

Welche beiden Nationen sind laut George Bernard Shaw »durch eine gemeinsame Sprache getrennt«?

3

Welche drei Amtssprachen gibt es in Belgien?

4

Das griechische Alphabet beginnt mit Alpha und Beta. Wie heißen die nächsten vier Buchstaben?

α β

5

Welche fünf Minderheitensprachen sind in Deutschland anerkannt?

6

Welches sind die sechs meistgesprochenen Sprachen Asiens?

7

Wofür steht der folgende Netzjargon? ILY, IMO, LOL, NSFW, ROFL, TLDR und YOLO

8

Wie nennt man die Bewohner der folgenden acht Städte? Bologna, Cambridge, Kapstadt, Florenz, Ho-Chi-Minh-Stadt, Las Vegas, Moskau und Neapel

9

Es gibt neun Staaten, in denen Portugiesisch als offizielle Sprache gilt. Um welche handelt es sich?

10

Welche zehn Buchstaben stehen auf einer deutschen Computertastatur in der obersten Reihe?

11

Das sogenannte Nato-Alphabet beginnt mit Alpha. Wie lauten die anderen Buchstaben?

Antworten auf Seite 182

DIE 1960ER-JAHRE

1

Unter welchem Namen war im Westen der berühmteste Grenzübergang in Berlin bekannt?

2

Welche Künstler kreierten die Pop-Art-Meisterwerke »Whaam!« und »Campbell's Soup Cans«?

3

Welche Städte richteten 1960, 1964 und 1968 die Olympischen Sommerspiele aus?

4

Können Sie diese vom *Time*-Magazin zur »Person des Jahres« gekürten Menschen anhand ihrer Initialen erkennen? JFK (1961), MLK (1963), LBJ (1964) und WW (1965)

5

In einer Zeichentrickserie gab 1969 eine berühmte Riesendogge ihr Debüt. Wie hieß sie und wie hießen die anderen vier ursprünglichen Mitglieder ihrer Bande?

6

Wen heirateten die folgenden sechs Personen (Jahr der Hochzeit in Klammern)? Elizabeth Taylor (1964), Mickey Deans (1965),

Mia Farrow (1966), Priscilla Beaulieu (1967), Sharon Tate (1968) und Yoko Ono (1969)

7

In welchen Jahren fanden die folgenden Ereignisse statt? Invasion in der Schweinebucht; Neil Armstrong betritt den Mond; Martin Luther King hält seine »I have a dream«-Rede; erste erfolgreiche Herztransplantation; Marilyn Monroe stirbt; US-Truppen marschieren in Vietnam ein; Prager Frühling

8

Wer waren die fünf Mitglieder von Pink Floyd und wer die drei der Jimi Hendrix Experience?

9

Diese neun Literaturklassiker entstanden in den 1960er-Jahren. Wer hat sie geschrieben? *Die Ordnung der Dinge, Die Geliebte des französischen Leutnants, Herzog, Hundert Jahre Einsamkeit, Die Blütezeit der Miss Jean Brodie, Der Meister und Margarita, Schlachthof 5, Die Ansichten eines Clowns* und *Sargassomeer*

10

Welche zehn Filme gewannen zwischen 1960 und 1969 den Oscar in der Kategorie »Bester Film«?

11

Welche Länder regierten die folgenden Personen während der 1960er-Jahre? Aldo Moro, Alexander Dubcek, Eduardo Frei Montalva, Gamal Abdel Nasser, Harold Holt, Jan de Quay, Julius Nyerere, Leonid Breschnew, Lester Pearson, Patrice Lumumba, Sukarno und Walter Ulbricht

Antworten auf Seite 184

MUSIK II

1

Wer hat das Stück »Hummelflug« komponiert?

2

Welches Duo hatte 1994 mit dem Song »7 Seconds« einen Hit?

3

Mit welchen Instrumenten sind Stéphane Grappelli, Django Reinhardt und Art Blakey weltberühmt geworden?

4

Wie heißen die vier Mitglieder von ABBA?

5

Wer sind die fünf Ursprungs-Mitglieder von One Direction?

6

Die Mitglieder der Village People traten in sechs Verkleidungen auf. Welchen?

7

Mit welchen Filmen bringt man diese Hits in Verbindung?
»My Heart Will Go On«, »Eye of the Tiger«, »Mrs Robinson«, »Raindrops Keep Fallin' on my Head«, »Let It Go«, »Stayin' Alive« und »Take My Breath Away«

8

Wer hat die Musik für diese folgenden acht Klassiker geschrieben? »Fly Me to the Moon«, »Georgia on My Mind«, »It Don't Mean a Thing (If It Ain't Got That Swing)«, »Moon River«, »New York, New York«, »Night and Day«, »Summertime« und »White Christmas«

9

Diese Lieder sind die Nationalhymnen welcher Länder?
»Amhrán na bhFiann« (»Das Soldatenlied«), »Jana Gana Mana« (»Herrscher über den Geist des Volkes«), »Kimi Ga Yo« (»Eure Herrschaft währe«), »La Brabançonne« (»Das Lied von Brabant«), »La Marseillaise«, »Yiyongjun Jinxingqu« (»Marsch der Freiwilligen«), »Oben am jungen Rhein«, »Der er et yndigt land« (»Es liegt ein lieblich Land«) und »Het Wilhelmus«

10

Wer hat diese Werke der klassischen Musik komponiert? *Die Brandenburger Konzerte, Carmina Burana, Die Vier Jahreszeiten, Ungarische Tänze, Finlandia, Der Messia, Mondschein-Sonate, Die Planeten, Peer Gynt* und *Pomp and Circumstance*

11

Bis 2018 hat Madonna 13 Studioalben und drei Soundtracks veröffentlicht. Wie heißen sie?

Antworten auf Seite 186

ALLGEMEIN-
WISSEN III

1

In welchem Jahr gab Großbritannien die Kontrolle über Hongkong an China zurück?

2

Wie heißen die beiden grantelnden Alten aus der *Muppet Show*?

3

Wie heißen die drei Neffen von Donald Duck?

4

Wie heißen die klassischen vier Temperamente?

5

Auf der portugiesischen Fahne sind fünf Farben zu sehen. Welche?

6

In welchen sechs Ländern ist Deutsch Amtssprache?

7

Wie heißen die sieben Sakramente der Katholischen Kirche?

8

Welches sind die nach Volumen acht größten Monde in unserem Sonnensystem?

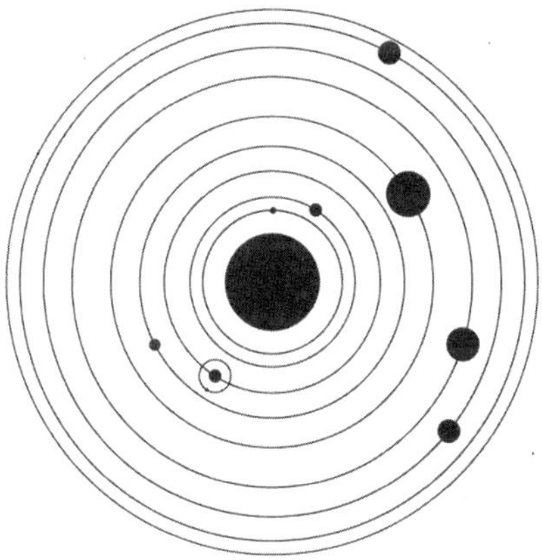

9

Welche neun Figuren lebten im Haushalt der *Addams Family*?

10

Wie heißen die Stadien der folgenden europäischen Fußballvereine? Ajax Amsterdam, FC Barcelona, Bayern München, FC Everton, Glasgow Ranger, Inter Mailand, Manchester United, Paris Saint-Germain, FC Porto und Real Madrid

11

Der Weltschachverband FIDE führt 15 männliche Schach-Weltmeister seit 1948 auf (Stand 2018). Welche?

Antworten auf Seite 188

HELDEN

1

Welcher koreanisch-amerikanische Künstler arbeitete 1991 am *X-Men*-Comic mit und trug dazu bei, dass es der meistverkaufte Comic aller Zeiten wurde?

2

Welches Künstlerduo erschuf die Graphic Novel *Watchmen*?

3

Das Urteil des Paris ist eine berühmte Episode der griechischen Mythologie, in der der Jüngling Paris das Urteil fällen muss, welche von drei Göttinnen die schönste ist. Wie heißen die drei Göttinnen?

4

Wer sind die Mitglieder von Marvels Fantastic Four?

5

Wie heißen diese Charaktere aus den *Tim und Struppi*-Büchern? Die Opernsängerin, der schusselige Professor, der fluchende Kapitän und die beiden unfähigen Detektive?

6

Wie hießen die fünf Teenager, die in der Originalserie auserwählt wurden, Mighty Morphin Power Rangers zu werden, und wie hieß ihr Mentor?

7

Wie heißen die sieben »starken Männer«, denen Wicki im gleichnamigen Kinderbuchklassiker mit seiner Schlauheit zur Seite steht?

8

Wie heißen die vier Teenage Mutant Ninja Turtles, ihr *Sensei*, ihre menschliche Begleiterin, ihr Verbündeter mit der Eishockeymaske und ihr Erzfeind?

9

Wie heißen die Mitglieder dieser drei Trios? Die Impossibles, ie Defenders und DC Trinity?

10

Welche Rollen haben die folgenden Schauspieler und Schauspielerinnen in den *X-Men*-Filmen gespielt? Halle Berry, Alan Cumming, Kelsey Grammer, Hugh Jackman, Jennifer Lawrence, James Marsden, Ian McKellen, Anna Paquin, Patrick Stewart und Lucas Till

11

Welche Superhelden verbergen sich hinter diesen Namen? Bruce Wayne, Steve Rogers, Selina Kyle, Bobby Drake, Britt Reid, Bruce Banner, Tony Stark, Max Eisenhardt, Reed Richards, Dick Grayson, Peter Parker, Kara Danvers, Clark Kent, Benjamin Grimm und Diana Prince

Antworten auf Seite 190

EUROPA

1

Welcher Zwergstaat grenzt im Norden an Frankreich und im Süden an Spanien?

2

Welche anderen beiden Namen trug Sankt Petersburg im 20. Jahrhundert noch?

3

Die altertümliche Architektur Griechenlands lässt sich in drei Ordnungen unterteilen. Wie heißen sie?

4

Welche vier Landeshauptstädte liegen an der Donau?

5

Welche fünf Staaten gelten als die nordischen Staaten?

6

Welche sechs Länder grenzen an das Schwarze Meer?

7

In welchen europäischen Städten findet man diese Museen und Kunstgalerien? Alte Pinakothek, Galleria Borghese, Musée d'Orsay, Prado, Rijksmuseum, Uffizien und die Serpentine Gallery

8

In den 1990er-Jahren zerbrach der Staat Jugoslawien. Es entstanden sieben neue Nationalstaaten (einer davon umstritten) sowie eine autonome Provinz. Wie heißen sie?

9

Welche neun Staaten grenzen an Deutschland?

10

Wie heißen die Hauptstädte dieser europäischen Nationen? Albanien, Bulgarien, Kroatien, Island, Lettland, Malta, Norwegen, Rumänien, Slowenien und Türkei

11

Deutschland setzt sich aus welchen 16 Bundesländern zusammen?

Antworten auf Seite 192

KINO II

1

Welches war 1927 der erste Spielfilm mit Ton überhaupt?

2

Wie heißen der Raumfahrer und der Cowboy in den *Toy Story*-Filmen?

3

Für welche drei Filme erhielt Ingmar Bergman jeweils einen Oscar in der Kategorie »Bester ausländischer Film«?

4

Wie hießen in der Filmreihe *Der Pate* die vier Kinder von Vito Corleone?

5

Welche fünf Länder sind führend in der Zahl der jährlichen Filmproduktionen?

6

Wer war Regisseur bei diesen sechs Klassikern der französischen Nouvelle Vague? *Adieu Philippine; Hiroshima, mon Amour; Jules und Jim; Schrei, wenn du kannst (Les Cousins); Lola* und *Die Geschichte der Nana S. (Vivre sa vie)*

7

Wer waren die sieben Stars in dem Western *Die Glorreichen Sieben* von 1960?

8

Zwischen 1977 und 2017 entstanden insgesamt acht Filme aus der *Star Wars*-Reihe. Wie heißen sie?

9

Die folgenden neun Filme haben alle in Cannes die Goldene Palme gewonnen. Wer waren die Regisseure? *Liebe; Die Klasse; Dancer in the Dark; Lebewohl, meine Konkubine; Paris, Texas; Der Pianist; Das Piano; Der dritte Mann* und *The Tree of Life*

10

Im englischsprachigen Raum wurden welche Filme mit den folgenden Slogans beworben? »Eine handgestrickte Mördergeschichte«; »Ein Abenteuer, das vor 65 Millionen Jahren begann«; »Checken Sie ein, entspannen Sie, nehmen Sie eine Dusche«; »Ins Wasser gehen Sie besser nicht«; »Für alle, die zu träumen wagen«; »Die wundersame Geschichte eines jungen Mannes, der ganz anders war«; »Im Weltraum hört dich niemand schreien«; »Die wahre Geschichte einer genialen Täuschung«; »Nichts auf der Welt konnte sie trennen«; »Sie sind gekommen, um die Welt zu retten«

11

Bis 2018 erschienen 19 Marvel-Spielfilme. Wie heißen sie?

Antworten auf Seite 194

PREISE UND AUSZEICHNUNGEN

1

Wer wurde 2014 zur jüngsten Person, die je den Friedensnobelpreis erhielt?

2

Welche zwei Musicals teilten sich 1960 den Tony Award für das beste Musical?

3

Welche drei Filme haben bei den Oscars die »Big Five« gewonnen, also die Auszeichnungen als bester Film, für die beste Regie, den besten Hauptdarsteller, die beste Hauptdarstellerin und bestes Drehbuch?

4

Welche vier Personen haben jeweils zwei Nobelpreise erhalten?

5

Mit 24 Auszeichnungen hält Beyoncé den Rekord für die meisten MTV Video Music Awards. Welche fünf Künstler und Künstlerinnen liegen auf den Plätzen 2 bis 6 (Zeitraum: 1984 und 2017)?

6

In welchen sechs Kategorien wird der Nobelpreis vergeben?

7

Wer sind die Autoren dieser sieben Werke, die den Pulitzer-Preis in der Kategorie Belletristik gewonnen haben? *Zeit der Unschuld* (1921), *Vom Winde verweht* (1937), *Wer die Nachtigall stört* (1961), *Bessere Verhältnisse* (1982), *Menschenkind* (1988), *Schiffsmeldungen* (1994) und *Der Distelfink* (2014)

8

Bis 2018 wurde der Laureus World Sports Award für den Sportsmann des Jahres acht Mal vergeben. An wen?

9

Welche neun Schauspieler sind bei den Oscars schon mindestens zweimal als bester Hauptdarsteller ausgezeichnet worden?

10

Bis 2017 hatten zehn Künstler, Künstlerinnen oder Bands 22 oder mehr Grammys gewonnen. Wie heißen sie?

11

In welchen Sportarten werden die folgenden Trophäen vergeben? The Ashes, America's Cup, Borg-Warner Trophy, Commissioner's Trophy, Fed Cup, Jules-Rimet-Pokal, Lance Todd Trophy, Larry O'Brien Trophy, Ryder Cup, Stanley Cup, Thomas Cup, Vince Lombardi Trophy, William Webb Ellis Cup, Woodlawn Vase und das Gelbe Trikot

Antworten auf Seite 196

OLYMPISCHE SPIELE

1

In welcher Sportart entwickelte Dick Fosbury eine revolutionäre neue Technik?

2

Welche beiden amerikanischen Sportler wurden 1968 in Mexiko-Stadt von den Olympischen Spielen ausgeschlossen, weil sie während der Medaillenvergabe den »Black Power«-Gruß gezeigt hatten?

3

Drei Mal wurden geplante Olympische Sommerspiele abgesagt. In welchen Jahren hätten sie stattfinden sollen?

4

In welchen vier Schwimmstilen finden olympische Wettbewerbe statt?

5

Welche Farben tragen die fünf olympischen Ringe?

6

In welchen sechs Kategorien treten bei den olympischen Wettbewerben die Turner an?

7

Welche sieben Länder (die es teilweise nicht mehr gibt) haben bis 2017 die meisten Medaillen bei Olympischen Winterspielen geholt?

8

In welchen acht Kategorien treten die olympischen Leichtathleten an?

9

Welche neun Länder (die es teilweise nicht mehr gibt) haben bis 2016 bei den Olympischen Sommerspielen die meisten Medaillen geholt?

10

Aus welchen Sportarten setzt sich der klassische Zehnkampf zusammen?

11

Welche Städte haben von 1896 bis 1936 die Olympischen Sommerspiele ausgerichtet?

Antworten auf Seite 198

DIE 1970ER-JAHRE

1

Nachdem das amerikanische Tischtennisteam eine Einladung nach China akzeptierte, kam es zum Tauwetter in den Beziehungen der beiden Nationen. Wie wurde diese Entwicklung bezeichnet?

2

Welche Städte richteten 1972 und 1976 die Olympischen Sommerspiele aus?

3

Wer waren die drei Mitglieder der als ELP bekannten Band?

4

Wer waren die Mitglieder der chinesischen »Viererbande«?

5

Welche Frauen waren in diesem Jahrzehnt Staats- oder Regierungschefin in den folgenden Ländern? Argentinien, Zentralafrikanische Republik, Indien, Israel und Großbritannien

6

Welche Länder regierten die folgenden Personen in den 1970er-Jahren? Agostinho Neto, Edward Gierek, Georges Pompidou, José López Portillo, Mengistu Haile Mariam und Zulfikar Ali Bhutto

7

Können Sie diese vom *Time*-Magazin zur »Person des Jahres« gekürten Menschen anhand ihrer Initialen erkennen? W.B. (1970), R.N. (1971), H.K. (1972), J.S. (1973), J.C. (1976), A.S. (1977) und D.X. (1978)

8

Diese acht Berühmtheiten starben in den 1970er-Jahren. Erkennen Sie sie anhand ihrer Lebensdaten, Initialen und ihres Berufs? P.P. (1881–1973, spanischer Künstler); C.C. (1883–1971, französische Modedesignerin); E.P. (1885–1972, amerikanischer Dichter); C.C. (1889–1977, britischer Stummfilm-Star); A.C. (1890–1976, britische Krimiautorin); K.G. (1906–78, österreichischer Mathematiker, bekannt für seinen Unvollständigkeitssatz); J.H. (1913–75, amerikanischer Gewerkschaftsführer); J.J. (1943–70, amerikanische Sängerin)

9

Diese neun Literaturklassiker wurden in den 1970er-Jahren geschrieben. Von wem? *Zeit der Gesetzlosigkeit, Der Schakal, Die Enden der Parabel, Wenn ein Reisender in einer Wintersnacht, Orientalismus, Das periodische System, Wurzeln (Roots), Das Buch vom Lachen und Vergessen* und *Dame, König, As, Spion*

10

Welche zehn Filme gewannen zwischen 1970 und 1979 den Oscar in der Kategorie »Bester Film«?

11

Wer feierte in den 1970er-Jahren mit diesen Alben große Erfolge? *Arrival, Abraxas, Bridge Over Troubled Water, Exile on Main St, Exodus, Oxygène, Paranoid, Un Canto a Galicia, Rumours, Songs in the Key of Life, Trans-Europa Express* und *Wish You Were Here*

Antworten auf Seite 200

GEOGRAFIE II

1

Die Horseshoe Falls, American Falls und Bridal Veil Falls bilden zusammen welches weltberühmte Naturspektakel?

2

Die Grenze welcher zwei Länder verläuft durch den Titicacasee?

3

Welches sind die drei größten Inseln der Welt?

4

Welche vier Sprachen sind Amtssprache in der Schweiz?

5

Welche Breitenkreise findet man auf diesen Breitengraden?
0°, 66,5° Nord, 66,5°, 23,5° Nord, 23,5° Süd?

6

Welches sind die sechs größten Wüsten der Welt (polare Wüsten ausgenommen)?

7

Wie heißen die sieben Kontinente?

8

In welchen Ländern findet man die acht folgenden Natursehenswürdigkeiten? Blaue Grotte, Devil's Marbles (oder Karlu Karlu), El Tatio, Giant's Causeway, Grand Canyon, Großglockner, Retbasee (oder Lac Rose) und Steinwald von Shilin

9

Welche neun Sprachen haben weltweit die meisten Muttersprachler?

10

Welches sind flächenmäßig die zehn größten Länder der Welt?

11

Nennen Sie 15 tektonische Platten.

Antworten auf Seite 202

DER MENSCHLICHE KÖRPER

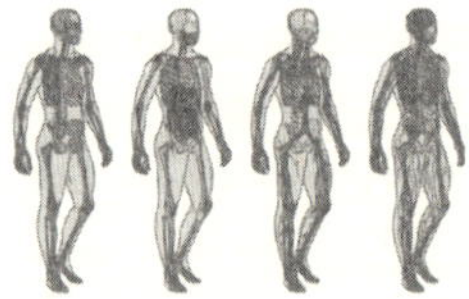

1

Wer hat als erster den menschlichen Blutkreislauf beschrieben?

2

Wie werden Trachea und Larynx umgangssprachlich genannt?

3

Wie heißen die drei Knochen im menschlichen Ohr?

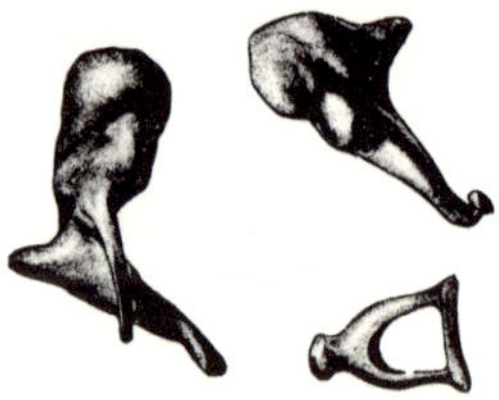

4

Der Mensch hat vier unterschiedliche Arten Zähne.
Welche?

5

Über welche fünf traditionellen Sinne verfügt der Mensch?

6

Sechs frei bewegliche Gelenkarten besitzt der menschliche Körper. Wie heißen sie?

7

Was waren laut Weltgesundheitsorganisation 2017 die sieben häufigsten Todesursachen weltweit?

8

Wo im Körper findet man das Cerebellum, die gluteale Muskulatur, die Mandibula, die Ossa metatarsalia, den Musculus quadriceps femoris, das Kahnbein, das Sprungbein und den Pförtner?

9

Welche sind die neun schwersten menschlichen Organe?

10

Welches sind die zehn längsten Knochen im menschlichen Körper?

11

Welche zwölf Teile des Auges verbergen sich hinter dieser Beschreibung: Wässrige Flüssigkeit an der Vorderseite des Augapfels; die »Mitte« des Auges zwischen dem harten Äußeren und dem lichtsensiblen Inneren des Auges; die durchsichtige Haut, die das vordere Auge bedeckt; der farbige Teil des Auges, der den Lichteinfall kontrolliert; der Teil, der das Licht für das lichtempfindliche Innere des Auges bündelt; transportiert optische Informationen zum Gehirn; Loch, das Licht ins Auge lässt; lichtsensible Schicht im Inneren des Auges; harte Haut, die das Äußere des Augapfels bedeckt; Gänge, die Feuchtigkeit produzieren, damit das Auge sauber und gut hydriert ist; geleeartige Flüssigkeit, die den größeren Teil des Augapfels ausmacht

Antworten auf Seite 204

RELIGION

1

Welcher Glaube wurde 2003 in Haiti offiziell als Religion anerkannt?

2

Wer waren laut Altem Testament die beiden streitenden Söhne von Adam und Eva?

3

Wie heißen im jüdischen Glauben das Neujahr, das Versöhnungsfest und das Lichterfest?

4

Wie lauten die vier edlen Wahrheiten des Buddhismus?

5

Was sind die fünf Säulen des Islam?

6

Welche Papstnamen trugen die letzten sechs Päpste?

7

Was sind laut Christentum die sieben Todsünden?

8

Erkennen Sie die folgenden acht Hindu-Gottheiten anhand ihrer Beschreibung? Der Schöpfer, der Bewahrer, der Zerstörer, Gott der Liebe und des Mitgefühls, die Göttin von Wohlstand, die Göttin des Kriegs, der Elefantengott und der Affenkönig

9

Zu welchen Religionen gehören die folgenden heiligen Texte? Die fünf Klassiker, die Bhagavad Gita, die Tripitaka, der Tanach, der Guru Granth Sahib, das Daodejing, der Yasna, das Buch der Schatten und das Kojiki?

10

Welche zehn biblischen Plagen brachen dem Buch Exodus zufolge über Ägypten herein?

11

Wer waren laut Deuteronomium (5. Buch Mose) und Buch der Richter die zwölf ursprünglichen Stämme Israels?

Antworten auf Seite 206

MUSICALS I

1

Aus welchem Musical stammen die Songs »Food, Glorious Food«, »Oom-Pah-Pah« und »As Long as He Needs Me«?

2

Wie heißen die beiden Hauptdarsteller aus *Wicked – Die Hexen von Oz*?

3

Wer spielt in der Oscar-prämierten Verfilmung von *Cabaret* Sally Bowles, ihren Geliebten Clifford Bradshow und den Conférencier des Kit Kat Klubs?

4

Wie heißen die vier »Pink Ladies« in *Grease*?

5

Welche Rollen spielen in der 2002 verfilmten Version von *Chicago* Renée Zellweger, Catherine Zeta-Jones, Richard Gere, Queen Latifah und Christine Baranski?

6

Bei welchen sechs Musicals haben Tim Rice und Andrew Lloyd Webber zusammengearbeitet?

7

Wie heißen die sieben Kinder der Familie Trapp in *The Sound of Music* (*Meine Lieder – meine Träume*)?

8

Welche Künstler und Künstlerinnen dienten als Vorbild für diese acht Musicals? *American Idiot*, *Jersey Boys*, *Mamma Mia!*, *Sunny Afternoon*, *Movin' Out*, *Sunshine on Leith*, *Viva Forever!* und *We Will Rock You*

9

Aus welchen neun Musicals stammen die folgenden Lieder? »Another Suitcase in Another Hall«, »Defying Gravity«, »Getting To Know You«, »I Could Have Danced All Night«, »It's a Hard Knock Life«, »Luck Be a Lady«, »Oh, What a Beautiful Mornin'«, »Send in the Clowns« und »You'll Never Walk Alone«

10

Ihr Debüt hatten Richard Rodgers und Oscar Hammerstein mit *Oklahoma!*. Anschließend schufen sie zehn weitere Musicals zusammen. Welche?

11

Insgesamt 18 Musicals hat Stephen Sondheim komponiert. Welche sind das?

Antworten auf Seite 208

RUND UMS WASSER

1

Ein tintenfischartiges Wesen, das angeblich in den Gewässern vor Norwegen lebt – wie heißt das legendäre Seemonster, das Erik Pontoppidan im 18. Jahrhundert beschrieb?

2

Wie heißen die »linke« und die »rechte« Seite eines Schiffs (in Fahrtrichtung gesehen) nautisch korrekt?

3

Wie hießen in den Disney-Filmen der Goldfisch in *Pinocchio*, Nemos Vater und Arielles beste Freundin?

4

Wer waren diese berühmten Menschen, die allesamt auf See starben? B.D. (portugiesischer Entdecker, ca. 1450–1500); H.H. (australischer Premierminister, 1908–67); R.M. (in Tschechien geborener Unternehmer und Medienmogul, 1923–91); N.W. (amerikanische Schauspielerin, 1938–81)

5

Wie heißen die fünf großen Weltmeere?

6

Welche sechs Fischarten sind die schnellsten?

7

Welche sieben Hai-Arten sind die längsten?

8

Welche sieben Nationen (und eine autonome Region) verfügen über die längste Küstenlinie?

9

Wie heißen die neun tiefsten Meeresgräben?

10

Welche zehn Walarten erreichen die größte Länge?

11

Können Sie diese berühmten fiktiven und realen Schiffe identifizieren? Das Schiff von Kapitän Ahab in *Moby Dick*; Captain Hooks Schiff in *Peter Pan*; berühmtes US-Schiff mit dem Spitznamen »Old Ironsides«; Greenpeace-Schiff, das in Neuseeland 1985 bombardiert wurde; das Flaggschiff von Horatio Nelson bei der Schlacht von Trafalgar; deutsches Schlachtschiff, das im Mai 1941 versenkt wurde, wobei über 1400 Seeleute starben; legendäres Schiff unter dem Kommando von Jason; das Schiff von Long John Silver in Robert Louis Stevensons *Die Schatzinsel*; Passagierdampfer, der am 7. Mai 1915 von einem deutschen U-Boot versenkt wurde; Schiff aus der Narnia-Welt; das U-Boot aus Jules Vernes *20 000 Meilen unter dem Meer*; das Schiff, das in Bram Stokers *Dracula* den Vampir nach England brachte

Antworten auf Seite 210

ALLGEMEINWISSEN IV

1

Welches Enzym wird bei der Herstellung von Hartkäse meistens zur Milch hinzugegeben?

2

Welches Zwillingspaar wurde der Gründungslegende Roms zufolge von einer Wölfin gesäugt?

3

Welche drei Geschmacksrichtungen enthält ein Fürst-Pückler-Eis?

4

Welche vier Länder (neben den USA) haben zwischen 1851 und 2018 den America's Cup gewonnen?

5

Welche fünf Helden gehörten zu den ursprünglichen Avengers von Marvel?

6

Welche sechs Fragenkategorien gab es in der klassischen Version von Trivial Pursuit?

7

Wie heißen die höchsten Berge in Afrika, Asien, Nordamerika, Südamerika, der Antarktis, Kontinentalaustralien und Europa?

8

Unter welchen Bühnennamen sind die folgenden acht Rapper besser bekannt? Andre Romelle Young, Armando Christian Pérez, Calvin Broadus Junior, Christopher Wallace, Curtis James Jackson III, Marshall Mathers III, Shawn Carter und Tracy Marrow

9

Wie lauten die ersten neun Primzahlen?

10

Was verlangt der christliche Gott von seinen Gläubigen in den Zehn Geboten?

11

Unter was leiden Menschen mit den folgenden Phobien? Akrophobie, Aerophobie, Agoraphobie, Arachnophobie, Coulrophobie, Gynophobie, Musophobie, Ophidiophobie, Phasmophobie, Phobophobie, Somniphobie und Trypanophobie

Antworten auf Seite 212

DIE 1980ER-JAHRE

1

Wie hieß Marios Bruder im legendären Videospiel »Mario Brothers«?

2

Wie hießen der philippinische Präsident und seine schuhbegeisterte Frau, die 1986 aus dem Land flohen?

3

Welche Städte richteten die Olympischen Sommerspiele 1980, 1984 und 1988 aus?

4

Wen hat das *Time*-Magazin in den folgenden Jahren zur »Person des Jahres« gekürt? L.W. (1981), J.A. (1983), C.A. (1986) und M.G. (1989)

5

Welche fünf Personen spielten bei Guns N' Roses, als die Band ihr großes Erfolgsalbum *Appetite for Destruction* aufnahm?

6

Welche Länder regierten die folgenden Personen in den 1980er-Jahren? Ajatollah Ali Chamenei, Franz Vranitzky, Hosni Mubarak, P. W. Botha, Jitzchak Schamir und Juri Andropow

7

In welchen Jahren fanden die folgenden Ereignisse statt? Papst Johannes Paul II. wird angeschossen; die Berliner Mauer fällt; der Spaceshuttle *Challenger* explodiert beim Start; im indischen Bhopal tritt eine Giftgaswolke aus; Sally Ride fliegt als erste Amerikanerin ins All; das Videospiel Pac-Man kommt auf den Markt; Haitis Diktator »Baby Doc« wird gestürzt

8

Können Sie anhand der Initialen diese acht berühmten Personen identifizieren, die in diesem Jahrzehnt starben? J.M. (1893–1983, spanischer Künstler); A.H. (1899–1980, britischer Regisseur); I.B. (1915–82, schwedische Schauspielerin); T.M. (1917–82, Jazzmusiker); I.G. (1917–84, indische Politikerin); A.S. (1918–81, ägyptischer Politiker); R.F. (1918–88, amerikanischer theoretischer Physiker); D.F. (1932–85, amerikanische Affenforscherin)

9

Hier sind neun Literaturklassiker aus diesem Jahrzehnt. Wer hat sie geschrieben? *Naokos Lächeln, Der Liebhaber, Der Report der Magd, Mitternachtskinder, Der Name der Rose, Das Parfum, Was vom Tage übrig blieb, Die unerträgliche Leichtigkeit des Seins* und *Das Geisterhaus*

10

Welche zehn Filme gewannen von 1980 bis 1989 den Oscar in der Kategorie »Bester Film«?

11

Wer feierte mit diesen Alben in den 1980er-Jahren große Erfolge? *Born in the USA, Brothers in Arms, Doolittle, Graceland, Look Sharp!, Hunting High and Low, Hysteria, Immigrés, No Jacket Required, Purple Rain, Raw Like Sushi* und *True Blue*

Antworten auf Seite 213

LITERATUR II

1

1993 veröffentlichte Vikram Seth einen epischen Roman, der im Indien nach der Teilung spielt. Wie heißt das Werk?

2

Wie heißt die Tochter eines Plantagenbesitzers, deren Geschichte Margaret Mitchell in *Vom Winde verweht* erzählt, und mit wem ist sie am Ende des Buchs verheiratet?

3

Wie heißen bei Alexandre Dumas die *Drei Musketiere*?

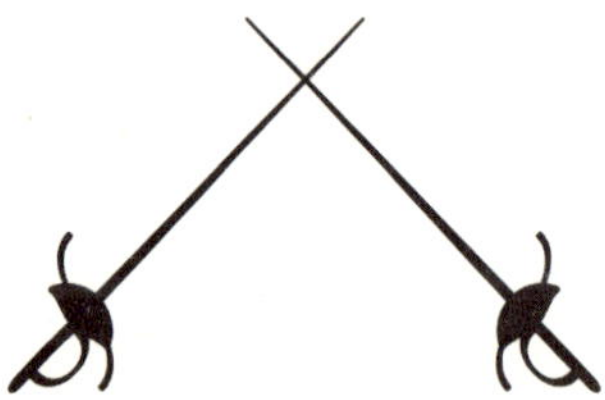

4

Wie heißen die vier March-Schwestern in Louisa May Alcotts Roman *Little Women*?

5

Wie heißen die »fünf Freunde« in der gleichnamigen Jugendbuchreihe von Enid Blyton?

6

Welche Personen haben in den folgenden Romanen das Verbrechen bekämpft? *Der Malteser Falke*, *Der letzte Bus nach Woodstock*, *Der Name der Rose*, *Der große Schlaf*, *Mörder ohne Gesicht* und *Der Doppelmord in der Rue Morgue*

7

Das Lied von Eis und Feuer, der als *Game of Thrones* verfilmte Romanzyklus von George R.R. Martin, sollte 2018 mit dem siebenten Roman enden. Wie heißen die sieben Werke im englischen Original?

8

Unter welchen Künstlernamen sind die folgenden Personen besser bekannt? Charles Lutwidge Dodgson, Georges Remi, Józef Teodor Konrad Korzeniowski, Howard Allen, Frances O'Brien, Erika Mitchell, Eric Blair, Mary Anne Evans und Theodor Seuss Geisel

9

Welches sind die nach Bestand neun größten Bibliotheken der Welt?

10

Wer schrieb die Bücher, auf denen die folgenden Filme basieren? *Uhrwerk Orange*, *Abbitte*, *Frühstück bei Tiffany's*, *Die Farbe Lila*, *Doktor Schiwago*, *Der englische Patient*, *Der Pate*, *Einer flog über das Kuckucksnest* und *Das Schweigen der Lämmer*

11

Wie heißen die 13 Romane und Novellen von Lew Tolstoi?

Antworten auf Seite 214

NORDAMERIKA

1

In welchem Land liegt die Stadt Tegucigalpa?

2

Welcher kanadische Sprinter wurde 1988 bei den Olympischen Spielen nach seinem Sieg über 100 Meter disqualifiziert und wer erhielt an seiner Stelle die Goldmedaille?

3

Welche drei »unveräußerlichen Rechte« sind in der amerikanischen Unabhängigkeitserklärung festgeschrieben?

4

Wie heißen die vier bevölkerungsreichsten Städte Mexikos?

5

Wie heißen die fünf Großen Seen Nordamerikas?

6

Um die Hauptstädte welcher karibischen Nationen handelt es sich hier? Bridgetown, Nassau, Port of Spain, Roseau, Santo Domingo und St. John's

7

Welche sieben (Stand 2018) kanadischen Teams spielen in der National Hockey League?

8

Welche acht Universitäten werden zur »Ivy League« gezählt?

9

Welches sind die neun bevölkerungsreichsten Städte der USA?

10

Wie heißen die zehn Provinzen Kanadas?

11

Wie hießen die 13 britischen Kolonien, die sich 1776 für unabhängig erklärten und die Vereinigten Staaten bildeten?

Antworten auf Seite 216

MYTHOLOGIE

1

Welche Religion sagte einigen Lesarten zufolge für den 21. Dezember 2012 den Weltuntergang voraus?

2

Wie heißen Homers zwei große Werke der griechischen Mythologie?

3

Wie hießen bei den alten Ägyptern der Sonnengott, die Göttin von Fruchtbarkeit und Magie sowie der Totengott?

4

Wer waren bei den alten Römern der Göttervater, die Göttin von Herd und Heim, die Göttin der Liebe und der Götterbote?

5

Wie heißen die fünf Bücher aus Rick Riordans *Percy Jackson*-Reihe?

6

Können Sie die Namen dieser Fabeln von Äsop ergänzen? Der Bär und die ???; Die Schildkröte und der ???; Die Ameise und die ???; Der Fuchs und die ???; Der Wolf und das ???; Der Rabe und der ???

7

Von welchen Fabelwesen ist hier die Rede? Körper eines Vogels und Kopf einer Frau; Körper eines Löwen, Kopf und Flügel eines Adlers; halb Mensch, halb Pferd; halb Mensch, halb Ziege; Kopf einer Frau, Körper und Schwanz eines Fischs; Pferd mit einem Horn; geflügeltes Pferd

8

Wer sind der chinesischen Mythologie zufolge die acht Unsterblichen?

9

Wie heißen die neun Reiche der nordischen Mythologie?

10

Wie heißen die griechischen Götter des Meeres, der Unterwelt, des Kriegs, der Musik und des Bogenschießens, des Feuers, des Weins und des Schlafs sowie die Göttinnen von Krieg und Weisheit, der Geburt und der Jagd?

11

Wie heißen die zwölf Zeichen des chinesischen Tierkreiszeichens?

Antworten auf Seite 218

PFLANZEN UND BÄUME

1

Die Zwiebeln welcher Blume lösten im 17. Jahrhundert eine gewaltige Spekulationsblase aus?

2

Wie heißen die Pflanzen, die ihren gesamten Lebenszyklus in einer einzigen Wachstumssaison durchlaufen, und wie heißen diejenigen, die mehrere Jahre überstehen?

3

Welche Gehölze und Wälder spielten in den folgenden literarischen Werken eine Rolle? *Pu der Bär*, *Robin Hood* und *Krieg der Sterne*

4

Wie nennt man die folgenden Teile einer Blume? Den Teil, der Pollen produziert; den »weiblichen« Teil; den Teil, der Insekten anlockt; den Teil, der Nährstoffe aus dem Erdboden zieht

5

Wie heißen die Pflanzen oder Bäume in diesen Buchtiteln? *Die schwarze ???* (James Ellory), *Die ???dame* (Alexandre Dumas); *Schnee, der auf ??? fällt* (David Guterson); *Der Name der ???* (Umberto Eco); *Die Juden???* (Annette von Droste-Hülshoff)

6

Mit welchen Bäumen werden die folgenden Personen ganz besonders in Verbindung gebracht? Buddha, Anne Frank, General Sherman, George Washington, Isaac Newton und Joseph von Arimathäa

7

Wie heißen diese sieben Baumarten umgangssprachlich? Acer, Betula, Castanea, Fraxinus, Populus, Pinus und Quercus

8

Welche acht Nationen weisen die größten Waldgebiete auf?

9

Aus welchen Früchten oder Nüssen werden diese Liköre gewonnen? Chambord, Crème de Cassis, Cointreau, Perry, Amaretto, Limoncello, Frangelico, Maraschino und Midori

10

Welche Blumen verbergen sich hinter diesen lateinischen Namen? Antirrhinum, Centaurea, Dianthus, Digitalis, Helianthus, Impatiens, Lathyrus, Syringa, Galanthus und Gypsophila

11

In welchen Städten liegen diese berühmten Gärten und Parks? Beihai, Boboli, Central Park, Chapultepec, Djurgarden, Englischer Garten, Hyde Park, Jardin du Luxembourg, Kings Park and Botanical Garden, Lumpini-Park, Namba Parks, Park Güell, Parque Ibirapuera, Phoenix Park, Stanley Park und Ueno-Park

Antworten auf Seite 220

DER WELTRAUM

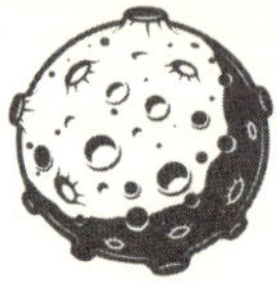

1

Halley, Hale-Bopp und Hyakutake sind berühmte was?

2

Wie heißen die beiden Marsmonde?

3

Wie hießen die berühmten drei Besatzungsmitglieder von Apollo 11?

4

Aus welchen vier Teilen setzt sich ein Komet zusammen?

5

Welche fünf großen Raumfahrtagenturen arbeiten bei der Internationalen Raumstation ISS zusammen?

6

Wie hießen die sechs Spaceshuttles der NASA?

7

Aus welchen sieben Gasen setzt sich auf unserem Planeten trockene Luft vor allem zusammen?

8

Wie heißen die acht bekannten Planeten im Sonnensystem? Bitte mit dem der Sonne dichtesten Planeten beginnen!

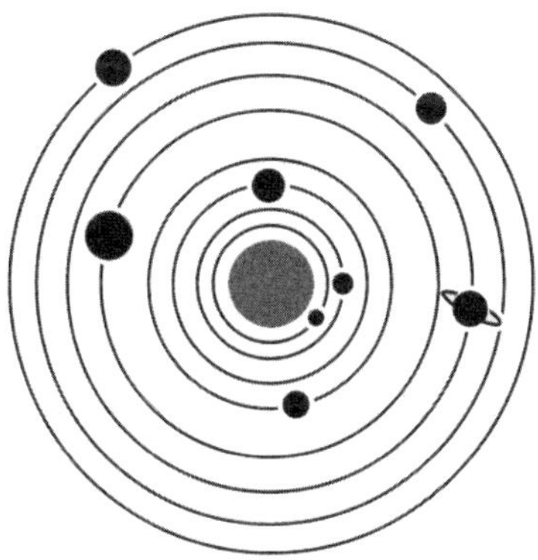

9

Wer waren die neun Hauptfiguren in der ersten Staffel von *Star Trek? The Next Generation*?

10

Welche zehn Personen haben neben den zwei Besatzungsmitgliedern von Apollo 11 ebenfalls den Mond betreten?

11

Wie heißen die zwölf Tierkreiszeichen?

Antworten auf Seite 222

STÄDTE

1

In welchem Land liegt die Stadt Timbuktu?

2

Welches sind die nördlichste und die südlichste Hauptstadt der Welt?

3

Welche drei Städte waren Hauptstädte, bevor sie von Moskau, Belmopan und Abuja abgelöst wurden?

4

Wie heißen die Hauptstädte der vier Landesteile des Vereinigten Königreichs?

5

Aus welchen fünf Bezirken setzt sich New York City zusammen?

6

Sechs Staaten haben Hauptstädte, die mit dem Buchstaben R beginnen. Um welche Städte handelt es sich?

7

Können Sie diese US-amerikanischen Städte an ihren Spitznamen erkennen? Beantown, Big Apple, City of Angels, Magic City, Motor City, Sin City und Windy City

8

In welchen Städten findet man die folgenden Attraktionen? Die Statue Cristo Redentor, die Hagia Sophia, die Sagrada Familia, Basilius-Kathedrale, Petersdom, Tafelberg, das Tadsch Mahal und die Terrakotta-Armee

9

Wie heißen die folgenden Städte heute? Bombay, Edo, Konstantinopel, Kristiania, Madras, Karl-Marx-Stadt, Rangun, Saigon und Salisbury

10

An welchen Flüssen liegen die folgenden Städte? Canberra, Buenos Aires, Prag, Kairo, Paris, Bagdad, Rom, Amsterdam, Dublin und Washington, DC

11

Um die Hauptstädte folgender Länder handelt es sich? Abidjan, Addis Abeba, Beirut, Dakar, Gaborone, Harare, Jakarta, Kingston, Lima, Minsk, Nikosia, Port-au-Prince, Quito, Seoul, Tallinn und Windhoek

Antworten auf Seite 223

WISSENSCHAFT II

1

Wer hat sich angeblich eine tödliche Lungenentzündung geholt, als er die Folgen von Frost an einem toten Huhn untersuchte?

2

Welche beiden renommierten Mathematiker stritten sich im 17. Jahrhundert darum, die Infinitesimalrechnung entwickelt zu haben?

3

Aus welchen drei zentralen Teilen setzt sich ein Atom zusammen?

4

Wie heißen die vier Nukleinbasen der DNA?

5

Vier Ehepaare und ein Vater-Sohn-Gespann haben bislang gemeinsam Nobelpreise in der Wissenschaft erhalten. Von wem ist die Rede?

6

Wie heißen die sechs Edelgase?

7

Erkennen Sie die Sternbilder anhand ihrer lateinischen Namen? Crux, Draco, Aquila, Ursa Major, Pavo, Scutum und Monoceros

8

Wasser kocht bei 100 °C, die normale Körpertemperatur des Menschen beträgt um 37 °C, normale Raumtemperatur sind 21 °C und Wasser gefriert bei 0 °C.
Was entspricht das in Fahrenheit und in Kelvin?

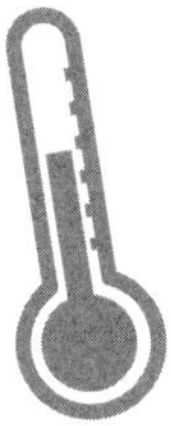

9

Wer hat diese neun bahnbrechenden wissenschaftlichen Werke verfasst? *Eine kurze Geschichte der Zeit*, *De Humani Corporis Fabrica* (Über den Aufbau des menschlichen Körpers), *De Revolutionibus Orbium Coelestium* (Über die Umschwünge der himmlischen Kreise), *Der Dialog über die zwei Weltsysteme*, *Philosophiae Naturalis Principia Mathematica (Die mathematischen Grundlagen der Naturphilosophie)*, *Der stumme Frühling*, *The Cosmic Connection*, *Der Mann, der seine Frau mit einem Hut verwechselte* und *Über die Entstehung der Arten*

10

Mehrere Elemente wurden zu Ehren von Personen benannt. Erkennen Sie anhand der Abkürzungen, nach wem diese Elemente benannt wurden? Bh, Cm, Es, Fm, Lr, Md, Mt, No, Rf und Rg.

11

Womit befasst man sich bei diesen Studienfeldern? Apiologie, Zytologie, Entomologie, Gynäkologie, Hämatologie, Lepidopterologie, Neurologie, Onkologie, Osteologie, Pathologie, Somnologie und Toxikologie

Antworten auf Seite 224

DIE 1990ER-JAHRE

1

Welcher israelische Ministerpräsident fiel 1995 einem Anschlag zum Opfer?

2

Welche Städte richteten 1992 und 1996 die Olympischen Sommerspiele aus?

3

Wer waren die drei Mitglieder der Band Nirvana?

4

In welchen Jahren fanden die folgenden Ereignisse statt? Prinzessin Diana stirbt bei einem Autounfall; Nelson Mandela wird Präsident Südafrikas; Lance Armstrong gewinnt erstmals die Tour de France; das Videospiel *Sonic the Hedgehog* kommt auf den Markt.

5

Welche fünf Supermodel traten in George Michaels legendärem Video zu seinem Song »Freedom« auf?

6

Wie hießen die sechs Hauptrollen in der TV-Serie *Friends*?

7

Während der 1990er-Jahre wurden sieben Fahrer zum Formel-1-Weltmeister gekrönt. Um wen handelt es sich?

8

In dem Film *Reservoir Dogs* (1992) begehen acht Personen einen Diamantenraub. Wer spielte diese acht Charaktere?

9

1989 veröffentlichte John Grisham seinen ersten Roman *Die Jury*. Während der 1990er-Jahre folgten neun weitere. Wie hießen sie?

10

Welche zehn Filme wurden zwischen 1990 und 1999 mit dem Oscar in der Kategorie »Bester Film« ausgezeichnet?

11

Wer veröffentlichte in den 1990er-Jahren die folgenden Alben? *Achtung Baby*, *All Eyez on Me*, *Romanza*, *The Bends*, *Blood Sugar Sex Magik*, *Dangerous*, *Grace*, *Jagged Little Pill*, *Mellow Gold*, *Out of the Time*, *Happy Nation*, *Step by Step*, *Ten*, *Tuesday Night Music Club* und *Aquarium*

Antworten auf Seite 226

MUSICALS II

1

In welchem Musical heißt der Hauptdarsteller Topol?

2

Wie heißen die beiden Produzenten in dem Mel-Brooks-Musical *The Producers*?

3

Welche drei Figuren trifft Dorothy auf dem gelben Ziegelsteinweg, die sie dann zum Zauberer von Oz begleiten?

4

1955 wurde das Musical *Guys and Dolls* verfilmt (deutscher Filmtitel: *Schwere Jungs – leichte Mädchen*). Welche Rollen spielen in dem Film Marlon Brando, Jean Simmons, Frank Sinatra und Vivian Blaine?

5

Wie heißen die folgenden Rollen im Musical *Les Misérables*? Der ehemalige Häftling; der Polizist, der ihn verfolgt; die Arbeiterin, die ihre Tochter dem Ehepaar Thénardier überlässt; und das Waisenkind, das schließlich auf den Barrikaden stirbt?

6

In seinem Lied »Let's Do it, Let's Fall in Love« aus dem Musical *Paris* führt Cole Porter acht Tierchen an, die sich ebenfalls verlieben. Zwei davon waren Marienkäfer und Flöhe, aber wer waren die anderen sechs?

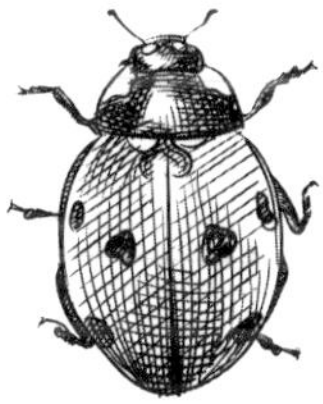

7

Wie hießen die sieben Kerle in dem Musical *Eine Braut für sieben Brüder*?

8

Wie heißen im Musical *Cats* die Theaterkatze, die böse Katze, die Eisenbahnkatze, die alte Gumbiekatze, die Glamourkatze, die St.-James-Street-Katze, die Bravo-Katze und die Zauberkatze?

9

Welches neun Musicals konnten Ende 2017 die längsten Laufzeiten überhaupt am Broadway vorweisen?

10

Welche zehn Musicals wurden mit einem Oscar als »Bester Film« ausgezeichnet?

11

Im Lied »My Favourite Things« aus *The Sound of Music* nennt uns die Figur ihre 14 Lieblingsdinge. Welche sind das?

Antworten auf Seite 228

ESSEN UND TRINKEN II

1

Was gilt allgemein als das kostbarste Gewürz überhaupt?

2

Welche Sirupsorten werden normalerweise für eine Berliner Weiße verwendet?

3

Welches sind die drei wichtigsten Zutaten eines BLT-Sandwichs?

4

Die Familie Roux ist berühmt für ihre Köche. Wie heißen die beiden bekannten Brüder und ihre zwei Söhne?

5

Welche fünf Geschmacksrichtungen kann der Mensch unterscheiden?

6

Wer hat die folgenden literarischen Werke mit Nahrungsmitteln im Titel geschrieben? *Der Kirschgarten*, *Chocolat*, *James und der Riesenpfirsich*, *Uhrwerk Orange*, *Früchte des Zorns* und *Grüne Tomaten*

7

Eine herkömmliche Champagnerflasche enthält 750 Milliliter und wird als Imperial bezeichnet. Wie nennt man die Flaschen, die 1,5 Liter, 3, 4,5, 6, 9, 12 und 15 Liter enthalten?

8

Aus welchen Ländern stammen die folgenden Käsesorten? Cotija, Feta, Gouda, Gruyère, Manchego, Monterey Jack, Provolone und Stinking Bishop

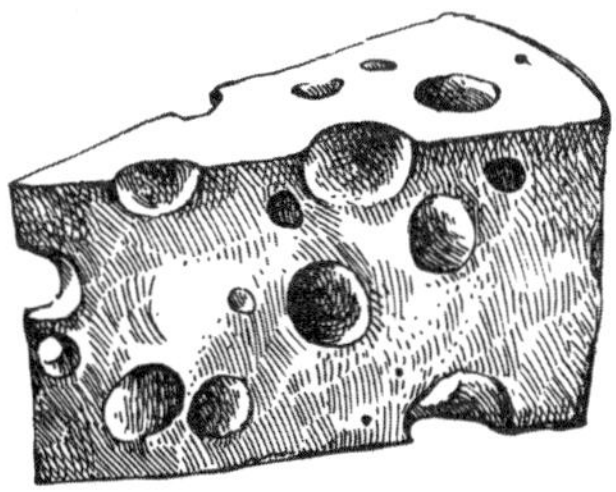

9

Welche Pastasorten verbergen sich hinter diesen (groben) Übersetzungen ihres Namens? Schneiden, verschlingen, liniert, Schnürchen, kleine Zungen, Schnürsenkel, kleines Band, Spindeln und Würmchen

10

Aus welchen Ländern stammen die folgenden Brot- und Backwaren? Anpan, Bagel, Brioche, Damper, Dampfnudel, Dosa, Focaccia, Mantou, Qistibi und Tortilla.

11

Aus welchen Ländern stammen diese Getränke? Absinth, Amarula, Becherovka, Bourbon, Brennivin,Calvados, Chacha, Feni, Grappa, Moutai, Ouzo, Portwein, Sake, Sherry, Unicum und Tequila

Antworten auf Seite 230

KINO III

1

Welcher mexikanische Regisseur hat unter anderem die Filme *Cronos* und *Pans Labyrinth* gedreht?

2

Wie heißen die beiden Charaktere, die Humphrey Bogart und Ingrid Bergman in *Casablanca* spielen, mit Vornamen?

3

Satyajit Ray hat mit der *Apu-Trilogie* das wohl berühmteste Werk des bengalischen Kinos geschaffen. Wie heißen die drei Filme?

4

In welchen vier Filmen (Stand 2018) haben Meg Ryan und Tom Hanks zusammen gespielt?

5

Wie heißen die ersten fünf Teile in der *Pirates of the Caribbean*-Reihe?

6

Wie heißen die sechs Filme der *Alien*-Reihe (ohne die *Alien vs Predator*-Ableger)?

7

Welches sind (Stand 2018) die sieben umsatzstärksten Filme des japanischen Studios Ghibli?

8

Wer war Regisseur dieser Kinoklassiker? *2001: Odyssee im Weltraum*, *Goodfellas*, *La Dolce Vita – Das süße Leben*, *Mulholland Drive*, *Es war einmal in Amerika*, *Der Schatz der Sierra Madre*, *Unforgiven – Erbarmungslos* und *The Wild Bunch – Sie kannten kein Gesetz*

9

Im englischsprachigen Raum wurden welche Filme mit den folgenden Slogans beworben? »Um in den Kopf eines Killers zu gelangen, muss sie es mit einem Verrückten aufnehmen«, »Bewirkt für Rock and Roll das, was *The Sound of Music* für Hügel bewirkte«, »Flieh oder lande in der Pfanne«, »Nur er hatte schon vor seiner Geburt Ärger am Hals«, »Ein Traum. Vier Jamaikaner. 20 unter Null«, »Es ist schwer, es leicht zu nehmen«, »Wir schützen die Erde vor dem Abschaum des Universums«, »Realität war gestern«, »Die außergewöhnlichste Geschichte, die je erzählt wurde«

10

Bis 2018 hat Steven Spielberg an zehn Filmen als Regisseur oder Produzent mitgewirkt, die für den Oscar als »Bester Film« nominiert waren. Welche Filme waren das?

11

Zwischen 1979 und 2016 wurden insgesamt 13 Filme aus dem *Star Trek*-Universum veröffentlicht. Wie hießen sie?

Antworten auf Seite 231

ALLGEMEINWISSEN V

1

Welches Spiel endet häufig mit einem Begriff, der vom Persischen »Der Schah ist hilflos« abgeleitet ist?

2

Welches Komiker-Duo spielte in Filmen wie *Die Teufelsbrüder*, *Die Wüstensöhne*, *Die tapferen Schotten* und *Die Klotzköpfe* mit?

3

Wie heißen die drei Mitglieder der Cartoon-Band Chipmunks?

4

Wie heißen die vier Grundfarben im CMYK-Farbmodell?

5

Wer diente als Namensgeber für die folgenden Gerichte? Eine Torte mit Baisermasse, benannt nach einer russischen Ballerina; eine Pizza, benannt nach der Gemahlin des Königs Umberto I. von Italien; eine Mischung aus Obst und Eiscreme, benannt nach einer österreichischen Opernsopranistin; eine Zwischenmahlzeit mit Brotscheiben, benannt nach einem englischen Aristokraten aus dem 18. Jahrhundert; eine Nascherei mit Schokolade, Marzipan und Nougat, benannt nach einem österreichischen Komponisten aus dem 18. Jahrhundert

6

Seit den 1960er-Jahren haben sechs Schauspieler in Hollywoodfilmen Batman dargestellt. Wie heißen sie?

7

Welche historischen Figuren sind auf dem amerikanischen Ein-, Zwei-, Fünf-, Zehn-, Zwanzig-, Fünfzig- und Hundert-Dollar-Schein zu sehen?

8

Acht Romane haben die Brontë-Schwestern Anne, Charlotte und Emily insgesamt geschrieben. Wie heißen die Werke?

9

Welche neun Staaten gelten als Atommächte?

10

Vor Beginn der Saison 2018 waren zehn Formel-Eins-Fahrer drei Mal oder häufiger Weltmeister geworden. Wie heißen sie?

11

Welche zwölf Geburtssteine werden mit den Monaten des Jahres assoziiert?

Antworten auf Seite 233

DIE KÜNSTE II

1

Wenn Patricia Cornwell mit ihrer umstrittenen These Recht hat, welcher Künstler war dann in Wirklichkeit Jack The Ripper?

2

Welche beiden Bildhauer haben das Reiterdenkmal von Gattamelata in Padua und *Die Bürger von Calais* erschaffen?

3

Unter welchen Namen sind die Künstler Michelangelo Merisi, Doménikos Theotokópoulos und Jacopo Comin besser bekannt?

4

Welche vier Modedesigner oder Bekleidungshersteller gelten als Erfinder des Bikinis, der Blue Jeans, des »kleinen Schwarzen« und des Minirocks?

5

Wem dienten diese Musen als künstlerische Inspiration? Camille Claudel, Dora Maar, Edie Sedgwick, Emilie Louise Flöge und Ilona Staller (Cicciolina)

6

Mit welchen sechs Kunstrichtungen werden diese sechs Künstler hauptsächlich in Verbindung gebracht? Claude Monet, Gian Lorenzo Bernini, John Everett Millais, René Magritte, Roy Lichtenstein und Walter Gropius

7

Von welchen sieben Tanzstilen ist hier die Rede? Ist nicht wegzudenken vom brasilianischen Karneval; wurde vor allem durch Vater und Sohn Johann Strauß berühmt; wurde in *Saturday Night Fever* unsterblich gemacht; wird vor allem mit der Musik von Enrique Jorrín in Verbindung gebracht; wurde in den 1920er-Jahren nach einer Stadt in South Carolina benannt; hier tanzt man Schritte wie Caminata, Baldosa und Resolución; wurde zuerst auf der Straße getanzt und durch Künstler wie die Rock Steady Crew berühmt

8

In welchen Städten stehen diese Theater und Opernhäuser? Das Balboa Theater, La Scala, Lincoln Center, Markgräfliches Opernhaus, Palais Garnier, Teatro Colon, das Bolschoi und das Globe Theatre

9

Was verbirgt sich hinter diesen Ballettbegriffen?
Plié, grand jeté, arabesque, tour en l'air, assemblé, changement, pirouette, croisé und attitude

10

Aus welchen Opern stammen diese Arien? »Casta Diva«, »Che gelida manina«, »Habanera«, »La Donna è Mobile«, »Largo al Factotum«, »Nessum dorma«, »O Fortuna«, »O Mio Babbino Caro«, »Und wär's mein Untergang« und »Die Königin der Nacht«

11

Wer malte diese Meisterwerke? *Landschaft mit dem Sturz des Ikarus, Las Meninas, Das Frühstück der Ruderer, Kindermord in Bethlehem, Der Hof der Steinmetzen, Die Kartenspieler, Tanzexamen, Der Blumenträger, Die Beständigkeit der Erinnerung, Der Schrei, Seerosen* und *Das Jüngste Gericht/Komposition V*

Antworten auf Seite 235

OZEANIEN

1

Unter welchem Namen ist Uluru noch bekannt?

2

Wie heißen die jeweils größten Städte auf Neuseelands Nord- beziehungsweise Südinsel?

3

Welche Embleme haben die Rugby-Union-Teams von Australien, Fidschi und Neuseeland?

4

Wie heißen die vier größten hawaiianischen Inseln?

5

Wie heißen die fünf längsten Flüsse der Region?

6

Welche berühmten australischen Bands, Künstler und Künstlerinnen haben die Alben *Back in Black*, *Fever*, *Kick*, *Murder Ballads*, *Physical* und *Woodface* veröffentlicht?

7

In welchen Städten findet man die folgenden Stadien? Eden Park, das Forsyth Barr Stadium, das Gabba, das MCG, Stadium Australia, das WACA und das Westpac Stadium

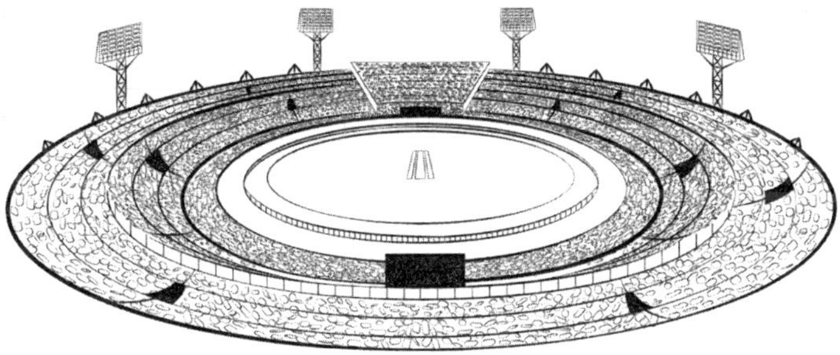

8

Wie heißen die Hauptstädte der acht australischen Bundesstaaten und Territorien?

9

Wer schrieb diese Klassiker der australasischen Literatur? *Das Haus an der Cloudstreet, Lebenslänglich, The Harp in the South, My Brilliant Career, Oscar und Lucinda, Picknick am Valentinstag, Im Glanz der Sonne, The Slap – Nur eine Ohrfeige* und *We of the Never Never*

10

Die nachfolgenden zehn Städte sind die Hauptstädte welcher Pazifiknationen? Suva, Tarawa, Palikir, Ngerulmud, Port Moresby, Apia, Honiara, Nuku'alofa, Funafuti und Port Vila

11

Wie hießen die 14 australischen Premierminister, die von Dezember 1949 bis Dezember 2017 im Amt waren?

Antworten auf Seite 237

GESCHICHTE II

1

Welcher König der Franken und Lombarden wurde 800 zum Kaiser des Römischen Reichs gekrönt?

2

Als Israel 1956 während der Sueskrise in ägyptisches Territorium vorstieß, welche beiden Nationen boten da Israel militärische Unterstützung an?

3

Welche drei Kaiser regierten das Deutsche Reich zwischen 1871 und 1918?

4

Das Jahr 69 gilt als Vierkaiserjahr. Wie heißen die vier Herrscher über das Römische Reich, die in jenem Jahr an der Macht waren?

5

Von welchen berühmten Revolutionären ist die Rede? Anführer der kubanischen Revolution (1953–59); erster Präsident der Volksrepublik China; Franzose, dessen Tod das Ende der Schreckensherrschaft signalisierte; erster Präsident Algeriens (1963); Venezolaner, bekannt als *El Libertador*.

6

In welchen Ländern regieren die folgenden Herrscherhäuser? Alawiden, Grimaldi, Oranien-Nassau, Saud, Tupou und Wangchuck

7

Von welchen Kriegsherren ist die Rede? Katholische Heilige, die während des Hundertjährigen Kriegs gegen die Engländer kämpfte; er besiegte die Römer bei der Schlacht von Cannae; als er 33-jährig starb, hatte er den Einflussbereich der Griechen bis zum Pandschab getragen; deutscher Feldmarschall, bekannt als der »Wüstenfuchs«; ab 1611 schwedischer König, nahm am 30-jährigen Krieg teil; Sultan des Osmanischen Reichs (1520–66); er begründete das Reich der Mongolen.

8

Wer waren die Opfer der folgenden acht Attentäter? Gavrilo Princip, James Earl Ray, John Bellingham, Lee Harvey Oswald, Leon Czolgosz, Mijailo Mijailovic, Nathuram Godse und Thenmozhi Rajaratnam

9

Wie heißen die neun Kanzler, die die BRD von 1949 bis 2018 regierten?

10

Wann wurden diese Verträge unterzeichnet und was bedeuteten sie? Westfälischer Friede; Frieden von Utrecht; Vertrag von Nanking; Vertrag von Shimonoseki; Pariser Frieden; Vertrag von Portsmouth; Friedensvertrag von Brest-Litowsk; Vertrag von Versailles; Camp-David-Abkommen und das Karfreitagsabkommen

11

Wann fanden diese historischen Ereignisse statt? In den USA wird die Sklaverei abgeschafft; Schlacht von Waterloo; der Spanische Bürgerkrieg bricht aus; Geburt des Propheten Mohammed; Reaktorkatastrophe von Tschernobyl; Kaiser Konstantin tritt zum Christentum über; der englische König Karl I. wird hingerichtet; der französische König Ludwig XVI. wird hingerichtet; Gründung Roms; Deutschland überfällt im Zweiten Weltkrieg die Sowjetunion; Caesar überschreitet den Rubikon; in Russland werden die Romanows gestürzt.

Antworten auf Seite 239

DIE 2000ER-JAHRE

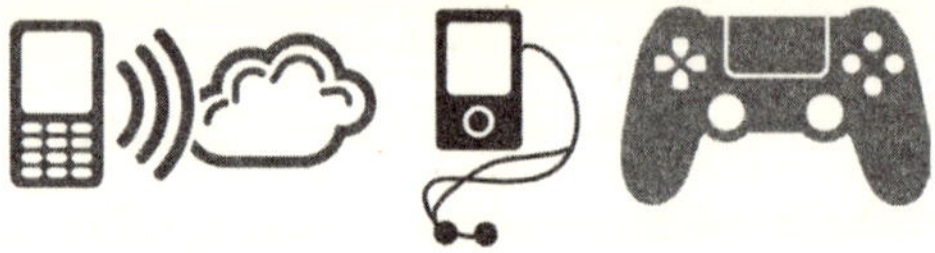

1

Wie heißt das Internierungslager, dass die amerikanische Regierung 2002 auf Kuba einrichtete?

2

Wer hat im Kinofilm *Shrek* im englischsprachigen Original Shrek und Prinzessin Fiona gesprochen?

3

Welche Städte richteten 2000, 2004 und 2008 die Olympischen Sommerspiele aus?

4

Wie heißen die vier Romane in Stephenie Meyers Vampirromanze?

5

Können Sie diese vom *Time*-Magazin zur »Person des Jahres« gekürten Menschen anhand ihrer Initialen erkennen? R.G. (2001), G.W.B. (2004), S (2006), V.P. (2007) und B.B. (2009).

6

Welche Länder regierten die folgenden Personen während der 2000er-Jahre? Hamid Karzai, Hu Jintao, Luiz Inácio Lula da Silva, Pervez Musharraf, Silvio Berlusconi und Václav Havel

7

In welchen Jahren fanden die folgenden Ereignisse statt? Barack Obama wird zum US-Präsidenten gewählt; Usain Bolt stellt bei der Leichtathletik-WM in Berlin Weltrekorde über 100 und 200 Meter auf; in Madrid werden Bombenanschläge auf Züge verübt; Wikipedia wird ins Leben gerufen; der Irak-Krieg bricht aus; Papst Johannes Paul II. stirbt; Apple bringt das iPhone auf den Markt.

8

Können Sie anhand der Initialen diese acht berühmten Personen identifizieren, die in diesem Jahrzehnt starben? L.R. (1902–2003, deutsche Filmemacherin); B.W. (1906–2002, österreichisch-amerikanischer Filmemacher); V.B. (1909–2000, dänisch-amerikanischer Musiker und Komiker); A.M. (1915–2005, US-Dramatiker); W.C. (1916–2009, amerikanischer TV-Journalist); E.K. (1938–2007, amerikanischer Stuntman); S.L. (1954–2004, schwedischer Autor); S.I. (1962–2006, australischer Naturforscher)

9

Wer hat diese neun Literaturklassiker aus den 2000er-Jahren geschrieben? *2666*, *Der Wolkenatlas*, *Schiffbruch mit Tiger*, *Rot ist mein Name*, *Das kurze wundersame Leben des Oscar Wao*, *Die Korrekturen*, *Drachenläufer*, *Die Straße* und *Wölfe*

10

Welche zehn Filme gewannen zwischen 2000 und 2009 den Oscar in der Kategorie »Bester Film«?

11

Wer feierte in den 2000er-Jahren mit diesen Alben große Erfolge? *Aha Shake Heartbreak*, *American Idiot*, *Back to Black*, *The Blueprint*, *Elephant*, *Funeral*, *Graduation*, *Is This It*, *Kala*, *Kid A*, *A Rush of Blood to the Head* und *Whatever People Say I Am*

Antworten auf Seite 241

SPORT II

1

In welchem Sport treten Rikishi gegeneinander an?

2

1975 wurde im Damentennis die computergestützte Weltrangliste eingeführt. Seitdem standen (Stand 2018) zwei deutsche Frauen an der Spitze. Welche?

3

In welchen Ländern sind die J1 League, die Eredivisie und La Liga das Gegenstück zur deutschen Fußball-Bundesliga?

4

Welche vier Tennisturniere muss man gewinnen, um einen Grand Slam zu gewinnen?

5

Wie heißen die fünf Standardpositionen in einem Basketballteam?

6

Im American Football gibt es sechs Möglichkeiten zu punkten. Welche?

7

Aus welchen Sportarten setzt sich der Siebenkampf zusammen?

8

Wenn man die Super- und Leicht-Kategorien herausnimmt, welche acht Gewichtsklassen gibt es im Profiboxen der Männer?

9

Welche neun Baseball-Teams haben bis 2017 mindestens vier Mal die World Series gewinnen können?

10

Seit 1986 gibt es eine Golf-Weltrangliste. Welche zehn Spieler waren (Stand: Februar 2018) am längsten die Nummer eins?

11

Welche zwölf Fußballvereine haben die UEFA Champions League beziehungsweise den Pokal der Landesmeister seit 1956 mehr als einmal gewinnen können?

Antworten auf Seite 242

MONSTER ALLER ART

1

Welches Monster gab 1954 in einem Film von Ishiro Honda sein Leinwanddebüt?

2

Welche beiden Paläontologen waren in die sogenannten »Bone Wars« verwickelt?

3

Die drei schwersten Reptilien sind allesamt Krokodilarten, aber welche?

4

Welches sind die vier schwersten Schlangenarten der Welt?

5

Wie heißen die fünf Filme der *Jurassic*-Reihe, die zwischen 1993 und 2018 in die Kinos kamen?

6

Aus welchen Ländern kommen die folgenden Horrorfilme? *Ring – Das Original* (1998), *Blair Witch Project* (1999), *The Descent – Abgrund des Grauens* (2005), *So finster die Nacht* (2008), *Nosferatu – Symphonie des Grauens* (1922), *Der Babadook* (2014) und *Train to Busan* (2016)

7

Welches sind die sieben gefährlichsten Tierarten für den Menschen, gemessen an der Zahl der jährlichen Opfer?

8

In welchen Filmen (oder Filmreihen) sind diese monströsen Charaktere aufgetreten? Chucky, Freddy Krueger, Ghostface, Hannibal Lecter, Jason Voorhees, Leatherface, Michael Myers und Pinhead

9

Von welchen mystischen Wesen ist hier die Rede? Affenartiger Bewohner des Himalayas; Ödipus löste ihr Rätsel; haariges, menschenähnliches Wesen aus Nordamerika; Feuerspeier, der von Bellerophon getötet wurde; Lehmmensch aus jüdischen Legenden; Riese mit Schlangenköpfen, der von Zeus getötet wurde; Feen, die den Tod eines Verwandten ankündigen; Monster mit Schlangenhaaren und einem Blick, der versteinert; Seeschlange, die von Herakles erschlagen wurde.

10

Welche Autoren erschufen diese literarischen Monster? Graf Dracula, Cthulhu, Frankensteins Monster, den Gruffalo, den Hund der Baskervilles, den Jabberwocky, Lord Voldemort, Mr Hyde, Pennywise den Clown und Scylla

11

Können Sie diese Dinosaurier an der wörtlichen Übersetzung ihres wissenschaftlichen Namens erkennen? Doppelbalken, Eierdieb, Dreihorngesicht, Fischechse, großes Ungeheuer, Meißelzahn, Dachechse, schneller Räuber, schreckliche Kralle, König der Echsen, Panzerkopf und Flügelfinger

Antworten auf Seite 244

LITERATUR III

1

Welcher griechische Tragödienschreiber starb der Legende nach, als ihm ein Adler eine Schildkröte auf den Kopf fallen ließ?

2

Welche Spitznamen hatten die beiden Kinder von Atticus Finch in *Wer die Nachtigall stört*?

3

Aus welchen drei Teilen besteht Dantes *Göttliche Komödie*?

4

Welche vier Romane gehören zur *Neapolitanischen Saga* von Elena Ferrante?

5

Dan Brown veröffentlichte zwischen 2000 und 2017 insgesamt fünf Robert-Langdon-Romane. Wie heißen sie?

6

Welche sechs Romane hat Jane Austen veröffentlicht?

7

Umberto Eco hat sieben Romane veröffentlicht. Welche?

8

Wer hat diese acht Klassiker der Philosophie geschrieben? *Candide oder der Optimismus*, *Kritik der reinen Vernunft*, *Lob der Torheit*, *Leviathan*, *Mythen des Alltags*, *Neues Organon*, *Der Fürst* und *Verteidigung der Rechte der Frau*

9

Wie heißen die neun Häuser, die in der TV-Serie *Game of Thrones* (beziehungsweise der Buchreihe *Ein Lied von Feuer und Eis*) über Westeros herrschen?

10

Wer hat diese Literaturklassiker verfasst? *Das Herz aller Dinge*, *Der Tempelbrand*, *Unterwegs*, *Auf der Suche nach Indien*, *Madame Bovary*, *Shantaram*, *Der Prozess*, *Der Idiot*, *Der Kuss der Spinnenfrau* und *Lust und Laster*

11

Wie heißen die ersten 13 Romane in der Alex-Cross-Reihe von James Patterson?

Antworten auf Seite 246

BERÜHMTE PERSÖNLICHKEITEN II

1

Mit wem war Joséphine de Beauharnais verheiratet?

2

2008 heiratete welcher französische Präsident welches singende Model?

3

Wie heißen die drei Original-Mitglieder von Destiny's Child?

4

Wie heißen die vier Original-Mitglieder von Led Zeppelin?

5

Wie heißen die fünf Original-Mitglieder von New Kids on the Block?

6

Wer spielte in dem *Avengers*-Film von 2012 (Regie: Joss Whedon) die sechs Avenger?

7

Wie heißen die sieben Mitglieder in der aktuellen Besetzung der Kelly Family (Stand 2018)?

8

Welchen acht berühmten Personen werden diese Aussprüche nachgesagt? »Besser schweigen und als Narr scheinen, als sprechen und jeden Zweifel beseitigen«, »Finsternis kann keine Finsternis vertreiben. Das kann nur Licht. Hass kann den Hass nicht austreiben. Das gelingt nur der Liebe«, »Ich kam, ich sah, ich siegte«, »Ich denke, also bin ich«, »Wenn ich weiter gesehen habe als andere, so deshalb, weil ich auf den Schultern von Riesen stehe«, »Niemand hat die Absicht, eine Mauer zu errichten«, »Das nicht hinterfragte Leben lohnt es nicht, gelebt zu werden« und »Der Staat bin ich«

9

Wie hießen die ersten neun Präsidenten der USA?

10

Wie heißen die Autoren dieser berühmten Autobiographien? *Der lange Weg zur Freiheit; De Profundis; Ein amerikanischer Traum; Ich weiß, warum der gefangene Vogel singt; Mein Kampf; Moonwalk; Die Geschichte meiner Experimente mit der Wahrheit; Jenseits von Afrika; Strich drunter* und *Der Weg nach vorn*

11

Wie heißen die zwölf ursprünglichen Apostel?

Antworten auf Seite 247

MUSIK III

1

Wer schrieb den Text zu »My Way«?

2

Mit welchen Ländern verbindet man gemeinhin die Balalaika und die Koto?

3

Für welche Instrumente sind die folgenden Instrumentenhersteller vor allem berühmt? Stradivari, Steinway und Fender

4

Wer waren die vier Mitglieder von R.E.M.?

5

Mit welchen Instrumenten verbindet man diese Musiker vor allem? Yo-yo Ma, Lang Lang, Yehudi Menuhin, Andrés Segovia und Georges Barrère

6

Welche Stars der Musikszene spielten in den folgenden Filmen mit? *8 Mile*, *Susan … verzweifelt gesucht*, *Mondsüchtig*, *Purple Rain*, *Bodyguard* und *The Wiz – Das zauberhafte Land*

7

Wer holte mit den folgenden Liedern den Sieg beim Eurovision Song Contest? »Puppet on a String« (Großbritannien, 1967); »All Kinds of Everything« (Irland, 1970); »Waterloo« (Schweden, 1974); »Ne Partez Pas Sans Moi« (Schweiz, 1988); »Diva« (Israel, 1998); »Hard Rock Hallelujah« (Finnland, 2006); »Rise Like a Phoenix« (Österreich, 2014)

8

Die folgenden acht Künstler und Künstlerinnen feierten solo große Erfolge, aber mit welchen Bands wurden sie berühmt? Annie Lennox, Belinda Carlisle, Debbie Harry, Diana Ross, Don Henley, George Michael, Peter Gabriel und Sting

9

Wer komponierte diese berühmten Filmmusiken? *Frühstück bei Tiffany, Der Mann mit der Todeskralle, Für eine Handvoll Dollar, Vom Winde verweht, Gesprengte Ketten, König der Löwen, Der Clou, Krieg der Sterne* und *Die Regenschirme von Cherbourg*

10

Wie heißen die italienischen Musikbegriffe für: Schlussteil; Text einer Oper, eines Musicals oder eines Ballettstücks; schnelles musikalisches Tempo; lauter werdend; leiser werdend; sehr laut; ohne Instrumentalbegleitung; zärtlich (zu spielen); mit gedämpfter Stimme; weibliche Hauptrolle

11

Ein modernes Sinfonieorchester unterteilt sich in Streicher, Holzbläser, Blechinstrumente und Perkussion. Welche Instrumente findet man üblicherweise in jeder Hauptgruppe?

Antworten auf Seite 249

SÜDAMERIKA

1

Wie heißt die große baumlose Ebene, die sich durch Uruguay und Teile von Argentinien und Brasilien erstreckt?

2

Für welche zwei spanischen Vereine spielte die argentinische Fußballlegende Diego Maradona?

3

Der Äquator verläuft durch welche drei südamerikanischen Staaten?

4

Von welchen vier südamerikanischen Gerichten ist hier die Rede? Brasilianischer Bohneneintopf mit Fleisch; gefüllte Teigtasche; rote oder grüne Sauce für Fleisch, enthält Petersilie, Knoblauch und Oregano; peruanischer Donut mit Süßkartoffel und Kürbis.

5

Welche Nationen verbergen sich hinter diesen Länderkürzeln? BO, GY, PY, SR und UY.

6

Zu welchen Städten gehören diese Flughäfen? Comodoro Arturo Merino Benítez International Airport, El Dorado International Airport,

Guarulhos International Airport, Jorge Chávez International Airport, Jorge Newbery Airport und Simón Bolívar International Airport

7

Welche Länder haben die folgenden Personen regiert? Alberto Fujimori, Augusto Pinochet, Daniel Ortega, Hugo Banzer, Hugo Chávez, Juan Perón und Juscelino Kubitschek

8

In welchen Ländern findet man diese acht Sehenswürdigkeiten? Teatro Amazonas, Angel Falls, Cotopaxi National Park, Machu Picchu, Roraima-Tepui, Gletscher Perito Moreno, Punta del Este und Salar de Uyuni

9

Wer schrieb diese Klassiker der südamerikanischen Literatur? *Gespräch in der Kathedrale*, *Nichts als das Leben*, *Labyrinthe*, *Liebe in den Zeiten der Cholera*, *Der Alchimist*, *Die wilden Detektive*, *Das Labyrinth der Einsamkeit*, *The Motorcycle Diaries – Tagebuch einer Motorradreise* und *Zwanzig Liebesgedichte und ein Lied der Verzweiflung*

10

Es gibt zehn (Stand August 2018) brasilianische Kicker, die in einem Weltmeisterschaftsfinale getroffen haben. Welche?

11

Wie heißen die Hauptstädte von Argentinien, Bolivien, Brasilien, Chile, Kolumbien, Ecuador, Guyana, Paraguay, Peru, Surinam, Uruguay und Venezuela?

Antworten auf Seite 250

TECHNOLOGIE UND INNOVATION

1

Wie heißt die Rakete, die Elon Musk im Januar 2018 in den Weltraum schoss?

2

Wer waren im 19. Jahrhundert die beiden Hauptakteure im sogenannten »Stromkrieg«?

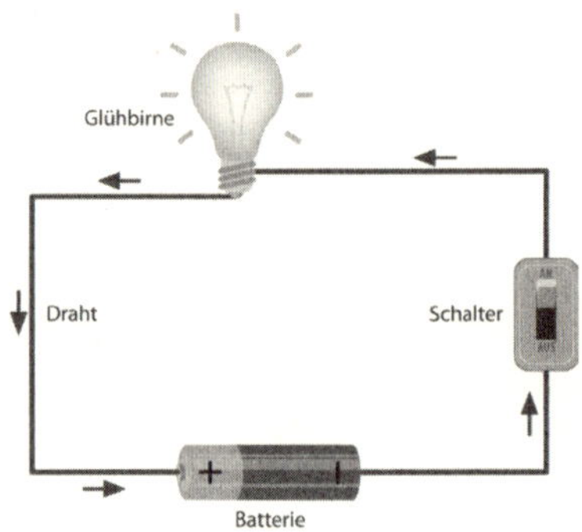

3

Wer steckt hinter diesen bahnbrechenden Erfindungen? Die industrielle Spinnmaschine, die erste praktische Dampfmaschine und die Lokomotive »The Rocket«

4

Welches sind (Stand August 2018) die vier höchsten Gebäude der Welt?

5

In welchen Videospielreihen treten Gordon Freeman, Lara Croft, Link, Pikachu und Sephiroth auf?

6

Welche Markennamen sind generische Namen für die folgenden Produkte geworden? Durchsichtiges Klebeband, Nuss-Nougat-Creme, Plastikbehälter, medizinisches Nachschlagewerk, Korrekturflüssigkeit und das Whirlpool-Bad

7

Welche Unternehmen haben diese Handy-Bestseller auf den Markt gebracht? Das 1100, iPhone, E1100, RAZR, Thunderbolt, K300 und Pearl

8

Welche Architekten sind für die folgenden Bauwerke verantwortlich? Bauhaus (Dessau), Dom von Florenz, Piazza San Pietro, Sagrada Familia, Solomon R. Guggenheim Museum, St. Paul's Cathedral (London), Oper von Sydney und das Weiße Haus (Washington)

9

Wer hat die folgenden Dinge erfunden? Kugelschreiber, Dynamit, Tiefkühlkost, Strahltriebwerk, Mikrowellenofen, Streichholz, Stethoskop, Telefon und World Wide Web

10

Wofür stehen die folgenden Akronyme aus dem Computerbereich? ASCII, HTML, HTTP, ISP, PDF, TTS, URL, USB, UX und CPU

11

Welche IT-Unternehmen haben die folgenden Personen gegründet? Mark Zuckerberg; Jeff Bezos; Bill Gates und Paul Allen; Fusajiro Yamauchi; Masaru Ibuka und Akio Morita; Sergey Brin und Larry Page; Pierre Morad Omidyar; Thomas J. Watson; Steve Jobs, Steve Wozniak und Ronald Wayne; Lee Byung-chull; Jerry Yang und David Filo

Antworten auf Seite 251

DIE 2010ER-JAHRE

1

In Afrika entstand 2011 das aktuell jüngste Land der Welt. Wie heißt es?

2

Welche Städte richteten die Olympischen Sommerspiele 2012 und 2016 aus?

3

Wie heißen die ersten drei Romane in der *Fifty Shades*-Reihe von E.L. James?

4

Wie hießen die vier Studio-Alben, die Taylor Swift zwischen 2010 und 2017 veröffentlichte?

5

Wen hat das *Time*-Magazin in den folgenden Jahren zur »Person des Jahres« gekürt (als Hilfestellung in Klammern die Initialen)? M.Z. (2010), B.O. (2012), P.F. (2013), A.M. (2015) und D.T. (2016)

6

Welche Länder wurden während der 2010er-Jahre von diesen Personen regiert? Alexis Tsipras, Cristina Fernández de Kirchner, Jacinda Ardern, Justin Trudeau, Nicolás Maduro und Xi Jinping

7

Wann fanden die folgenden Ereignisse statt? Katalonien erklärt sich für unabhängig von Spanien; Terroristen überfallen die Redaktion des Pariser Magazins *Charlie Hebdo*; die Bohrplattform *Deepwater Horizon* explodiert; Tod Osama Bin Laden; Jorge Mario Bergoglio wird Papst Franziskus; das Higgs-Boson wird entdeckt; Prince stirbt

8

Können Sie anhand der Initialen diese acht berühmten Personen identifizieren, die in diesem Jahrzehnt starben? N.M. (1918–2013, Präsident Südafrikas); L.F. (1922–2011, britischer Künstler); M.T. (1925–2013, britische Premierministerin); H.H. (1926–2017, amerikanischer Verleger); A.S. (1928–2014, israelischer Ministerpräsident); E.W. (1928–2016, in Rumänien geborener amerikanischer Holocaust-Überlebender und Autor; W.C. (1939–2015, amerikanischer Horrorfilm-Regisseur); W.M. (1940–2011, erste Afrikanerin, die einen Friedensnobelpreis gewonnen hat)

9

Wer hat diese Bücher geschrieben? *Alles Licht, das wir nicht sehen; Das Schicksal ist ein mieser Verräter; Das Ministerium des äußersten Glücks; Gone Girl – Das perfekte Opfer; Die Unvollendete; Angerichtet; Room; Vom Ende einer Geschichte; Der größere Teil der Welt*

10

Wer hatte zu Jahresbeginn 2018 weltweit die meisten Follower auf Twitter? Gesucht werden die Top 10.

11

Wer feierte mit den folgenden Alben in den 2010er-Jahren große Erfolge? *21*, *Born This Way*, *Born to Die*, *Loud*, *Ceremonials*, *Pure Heroine*, *Random Access Memories*, *Sigh No More*, *Take Care*, *Teenage Dream*, *Unorthodox Jukebox* und *Up All Night*

Antworten auf Seite 253

ALLGEMEINWISSEN VI

1

Bislang wurde nur eine einzige Ballsportart auf dem Mond ausgeübt. Welche?

2

Wie heißt der Beagle aus den *Peanuts*-Comics von Charles M. Schulz und wie heißt sein bester Freund, ein kleiner gelber Vogel?

3

Wie nennt man die drei Abschnitte beim Dreisprung?

4

Wer spielte 1984 in dem Spielfilm *Ghostbusters* Egon Spengler, Louis Tully, Peter Venkman und Ray Stantz?

5

Wie heißen in der Mythologie die fünf Flüsse des Hades?

6

Wo findet man die sechs großen Disney-Themenparks?

7

Wie heißen die sieben Hügel von Rom?

8

Welche internationalen Organisationen verbergen sich hinter diesen Akronymen? EFTA, FAO, IAEA, ICRC, OPEC, UNESCO, WHO, WIPO

9

Wovon ist man besessen, wenn man an diesen Manien leidet? Automanie, Bibliomanie, Choreomanie, Chrematomanie, Dipsomanie, Kleptomanie, Monomanie, Pyromanie und Timbromanie

10

Welche zehn Staaten weisen die höchstgelegenen Hauptstädte auf?

11

Aus welchen Staaten kommen die folgenden Fluggesellschaften? Aeroflot, Aegean Airlines, Aer Lingus, Cathay Pacific, Druk Air, El Al, Etihad Airways, Gulf Air, Iberia, KLM, Lufthansa und Nordica

Antworten auf Seite 254

Antworten

ALLGEMEINWISSEN I

1 Orchideen

2 Noel und Liam Gallagher

3 Berlin, Hamburg und München

4 George Washington, Thomas Jefferson, Theodore Roosevelt und Abraham Lincoln

5 Joey Bishop, Sammy Davis Junior, Peter Lawford, Dean Martin und Frank Sinatra

6 Blau, gelb, grün, orange, rot und weiß

7 Der Artemis-Tempel in Ephesos, die hängenden Gärten von Babylon, der Koloss von Rhodos, der Leuchtturm von Alexandria, das Mausoleum von Halikarnassos, die Pyramiden von Gizeh und die Zeus-Statue in Olympia

Hängende Gärten von Babylon

8 Michael Phelps, Paavo Nurmi, Mark Spitz, Carl Lewis, Sawao Kato, Matt Biondi, Usain Bolt und Ray Ewry

9 Dakar, Damaskus, Dhaka, Dili, Dodoma, Doha, Dschibuti, Dublin und Duschanbe

10 Arkansas, Illinois, Iowa, Kentucky, Louisiana, Minnesota, Mississippi, Missouri, Tennessee und Wisconsin

11 Diener eines Offiziers, Kleinhändler, Schönschreiber, Fassmacher, Hersteller von Tonpfeifen, Be- und Entlader von Frachtschiffen, Wagenbauer, Gebrauchtwarenhändler, auf Türmen eingesetzter Beobachter, Dienerin einer vornehmen Dame

LÄNDER DER WELT

1 Lesotho

2 Cookinseln und Niue

3 Belgien, Luxemburg und die Niederlande

4 Dänemark, Dschibuti, Dominica und die Dominikanische Republik

5 Äthiopien, Belize, Sri Lanka, Thailand und Simbabwe

6 Venezuela, Saudi-Arabien, Kanada, Iran, Irak und Kuwait

7 Kroatien, Österreich, Rumänien, Serbien, Slowakei, Slowenien und Ukraine

8 Australian Capital Territory, Neu-Süd-Wales, Nordterritorium, Queensland, Südaustralien, Tasmanien, Victoria und Westaustralien

9 Finnland, Australien, Norwegen, Niederlande, Dänemark, USA, China, Neuseeland und Frankreich

10 Italien, China, Spanien, Frankreich, Deutschland, Indien, Mexiko, Großbritannien, Russland und die USA

11 Armenien, Aserbaidschan, Estland, Georgien, Kasachstan, Kirgisien, Lettland, Litauen, Moldawien, Russland, Tadschikistan, Turkmenistan, Ukraine, Usbekistan und Weißrussland

SPORT I

1 THW Kiel

2 Muhammad Ali und George Foreman

3 Schwimmen, Radfahren und Laufen

4 Masters, US Open, Open und PGA Championship

5 Australien, England, Frankreich, Neuseeland und Südafrika

6 Olympique Marseille, AC Mailand, Ajax Amsterdam, Juventus Turin, Borussia Dortmund und Real Madrid

7 Torfrau, Torverteidigerin, Außenverteidigerin, Center, Außenangreiferin, Angreiferin und Hauptangreiferin

8 Argentinien, Brasilien, Deutschland, England, Frankreich, Italien, Spanien und Uruguay

9 Pitcher, Catcher, First Baseman, Second Baseman, Third Baseman, Shortstop, Left Fielder, Center Fielder und Right Fielder

10 Roger Federer, Pete Sampras, Ivan Lendl, Jimmy Connors, Novak Djokovic, John McEnroe, Rafael Nadal, Björn Borg, Andre Agassi und Lleyton Hewitt

11 Deutschland, Frankreich, Italien, Japan, Jugoslawien, Kanada, Norwegen, Österreich, Russland, Schweiz, Südkorea und die USA

KINO I

1 Mumbai

2 Bill und Ted

3 Blau, weiß und rot

4 Jean-Pierre Jeunet, Giuseppe Tornatore, Ang Lee und Roberto Benigni

5 Chico, Groucho, Gummo, Harpo und Zeppo

6 Sean Connery, Roger Moore, George Lazenby, Timothy Dalton, Pierce Brosnan und Daniel Craig

7 Bashful, Doc, Dopey, Grumpy, Happy, Sleepy und Sneezy. Deutsche Namen: Brummbär, Chef, Happy, Hatschi, Pimpel, Schlafmütze und Seppel

8 Gregory Peck, Marlon Brando, Johnny Depp, Heath Ledger, Mark Hamill, Anthony Perkins, Sylvester Stallone und Brad Pitt

9 *Planet der Affen, Rückkehr zum Planet der Affen, Flucht vom Planet der Affen, Eroberung vom Planet der Affen, Die Schlacht um den Planet der Affen, Planet der Affen (Remake), Planet der Affen: Prevolution, Planet der Affen: Revolution* und *Planet der Affen: Survival*

10 *Chicago, König der Löwen, Funny Girl, The Sound of Music, Du sollst mein Glücksstern sein (Singin' in the Rain), Grease, Mary Poppins, Meet Me in St. Louis (*alternativ*: Heimweh nach St. Louis, Die große Liebe nebenan* oder *Die törichten Jungfrauen, The Rocky Horror Picture Show* und *Cabaret*

11 *The Muppet Movie, Der große Muppet Krimi, Die Muppets-Weihnachtsgeschichte, Muppet Classic Theater, Muppets – Die Schatzinsel, Muppets aus dem All, Kermit der Frosch, Das größte Muppets Weihnachtsspektakel aller Zeiten, Muppets: Der Zauberer von Oz, Die Muppets und Muppets Most Wanted*

GEKRÖNTE HÄUPTER

1 Augustus

2 Kim Jong-il und Kim Jong-un

3 Elba, Korsika und Sankt Helena

4 Mutsuhito, Yoshihito, Hirohito und Akihito

5 Victoria, Haile Selassie, Ludwig XVI., Alexander der Große und Nikolaus II.

6 Martha Washington, Eleanor Roosevelt, Jacqueline Kennedy, Pat Nixon, Betty Ford und Barbara Bush

7 Zachary Taylor, Abraham Lincoln, James A. Garfield, William McKinley, Warren G. Harding, Franklin D. Roosevelt und John F. Kennedy

8 Trygve Lie, Dag Hammarskjöld, U Thant, Kurt Waldheim, Javier Pérez de Cuéllar, Boutros Boutros-Ghali, Kofi Annan, Ban Ki-moon und António Guterres

9 Gawain (Gawan), Lancelot, Parceval (Parzival), Tristan (Tristam), Galahad, Keie (Cei fab Cynyr), Iwein (Yvain), Mordred und Bors

10 Ptolemäer, Sachsen-Coburg und Gotha, Habsburg, Romanow, Tudor, Karolinger, Bourbon, David, Savoyen und Qing

11 Alben W. Barkley, Richard Nixon, Lyndon B. Johnson, Hubert Humphrey, Spiro Agnew, Gerald Ford, Nelson A. Rockefeller, Walter Mondale, George H. W. Bush, Dan Quayle, Al Gore, Dick Cheney, Joe Biden und Mike Pence

LANDTIERE

1 Vier

2 Dromedar und Trampeltier

3 Gepard, Gabelbock und Springbock

4 Afrikanischer Elefant, Asiatischer Elefant, Breitmaulnashorn und Giraffe

5 Bonobos, Gorilla, Menschen, Schimpansen und Orang-Utans

6 Jaguar, Leopard, Löwe, Puma, Schneeleopard und Tiger

7 Bock, Bär, Bock, Hengst, Ganter, Erpel und Widder

8 Amerikanischer Schwarzbär, Braunbär (inklusive Grizzlybär), Brillenbär, Eisbär, Großer Panda, Kragenbär, Lippenbär und Malaienbär

9 Stute, Rehgeiß, Eselin, Zibbe, Fähe, Geiß, Bache, Aue und Rättin

10 Kitz, Nymphe/Halbpuppe, Glasaal, Zicklein, Gössel, Affe, Joey, Laich, Spiderling und Schwanenjunges

11 Orang-Utan, Hausrind, Haushund, Ziege, Zebra, Afrikanischer Elefant, Rotes Känguru, Schaf, Schimpanse, Löwe, Hausschwein und Rotfuchs

LITERATUR I

1 Die Verwandlung

2 Sherlock Holmes und Doktor Watson

3 Alexej, Dmitri und Iwan

4 Genesis, Exodus, Leviticus und Zahlen

5 Norwegen, Russland, Türkei, Südafrika und Tschechien (beziehungsweise Tschechoslowakei)

6 *Der Ritt nach Narnia, Prinz Kaspian von Narnia, Die Reise auf der Morgenröte, Der silberne Sessel, Das Wunder von Narnia* und *Der letzte Kampf*

7 *Harry Potter und der Stein der Weisen, ...und die Kammer des Schreckens, ... und der Gefangene von Askaban, ... und der Feuerkelch, ... und der Orden des Phönix, ... und der Halbblutprinz* und *... und die Heiligtümer des Todes*

8 Nomen, Pronomen, Verb, Adjektiv, Adverb, Präposition, Konjunktion und Interjektion

9 Frodo Beutlin, Samwise »Sam« Gamdschie, Gandalf der Graue, Legolas, Gimli, Aragorn (»Streicher«), Boromir, Meriadoc »Merry« Brandybock und Peregrin »Pippin« Tuk

10 Alice Munro, Jean-Paul Sartre, Toni Morrison, Thomas Mann, Doris Lessing, Rudyard Kipling, Alexander Solschenizyn, Henryk Sienkiewicz, Mo Yan und Ernest Hemingway

11 *Antonius und Cleopatra; Coriolanus; Cymbeline; Ein Sommernachtstraum; Ein Wintermärchen; Ende gut, alles gut; Hamlet; Heinrich IV., Teil 1 und Teil 2; Heinrich V.; Heinrich VI., Teil 1, Teil 2 und Teil 3; Heinrich VIII.; Julius Caesar; Der Kaufmann von Venedig; Die Komödie der Irrungen; König Johann; König Lear; Die lustigen Weiber von Windsor; Macbeth; Maß für Maß; Othello; Richard II.; Richard III.; Romeo und Julia; Der Sturm; Timon von Athen; Titus Andronicus; Troilus und Cressida; Verlorene Liebesmüh (*auch*: Liebes Leid und Lust); Viel Lärm um nichts; Was ihr wollt; Der Widerspenstigen Zähmung; Wie es euch gefällt; Zwei Herren aus Verona*

DIE 1940ER-JAHRE

1 London

2 Hiroshima und Nagasaki

3 Winston Churchill, Franklin D. Roosevelt und Joseph Stalin

4 Karin, Hans, Renate und Peter

5 1944, 1941, 1940, 1949 und 1948

6 Lucille Ball, Laurence Olivier, Betty Grable, Lauren Bacall, Prinzessin Elisabeth (die spätere Queen Elizabeth II.) und Rita Hayworth

7 Sowjetunion, China, Deutschland, Polen, Japan, Indien, Jugoslawien

8 Nikola Tesla, Max Planck, Paul Klee, Benito Mussolini, John Maynard Keynes, Sergei Eisenstein, Lou Gehrig und Carole Lombard

9 Jorge Luis Borges, Benjamin Spock, Ernest Hemingway, Winston Churchill, Primo Levi, Joseph Schumpeter, Eugene O'Neill, Simone de Beauvoir und Albert Camus

10 *Rebecca, Schlagende Wetter, Mrs Miniver, Casablanca, Der Weg zum Glück, Das verlorene Wochenende, Die besten Jahre unseres Lebens, Tabu der Gerechten, Hamlet* und *Der Mann, der herrschen wollte*

11 Burma, Italien, Frankreich, Israel, Spanien, Kuba, Brasilien, Vietnam, Pakistan, Neuseeland, Iran und Australien

SPORT UND FREIZEIT

1 23

2 Bobby Fischer und Boris Spasski

3 Schlossallee, Parkstraße, Bahnhofstraße

4 Herz, Karo, Kreuz und Pik

5 Karate, Judo, Jiu-Jitsu, Aikido und Kendo

6 Bauer, Dame, König, Läufer, Springer und Turm

7 Zwei große Dreiecke, ein mittelgroßes Dreieck, zwei kleine Dreiecke, ein Quadrat und ein Parallelogramm.

8 Blau, braun, gelb, grün, pink, rot, schwarz und weiß

9 Arbeitszimmer, Bibliothek, Billardzimmer, Eingangshalle, Küche, Musikzimmer, Salon, Speisezimmer und Wintergarten

10 In aufsteigender Wertigkeit: Höchste Karte, ein Paar, zwei Paare, Drilling, Straße, Flush, Full House, Vierling, Straight Flush und Royal Flush

11 Verdächtige: Baronin Patrizia von Polz, Direktor/Reverend Jakob Grün, Frau Elvira Weiß, Fräulein Ming/Fräulein Gloria Roth, Oberst Günther von Gatow und Professor Peter Bloom; Tatwaffen: Dolch, Heizungsrohr, Kerzenleuchter, Pistole, Rohrzange und Seil

WISSENSCHAFT I

1 Dass das menschliche Erbgut, die DNA, die Form einer Doppelhelix hat

2 Wasserstoff und Sauerstoff

3 Eruptivgestein, Sedimentgestein und Umwandlungsgestein

4 Vorhof (links und rechts) und Kammer (links und rechts)

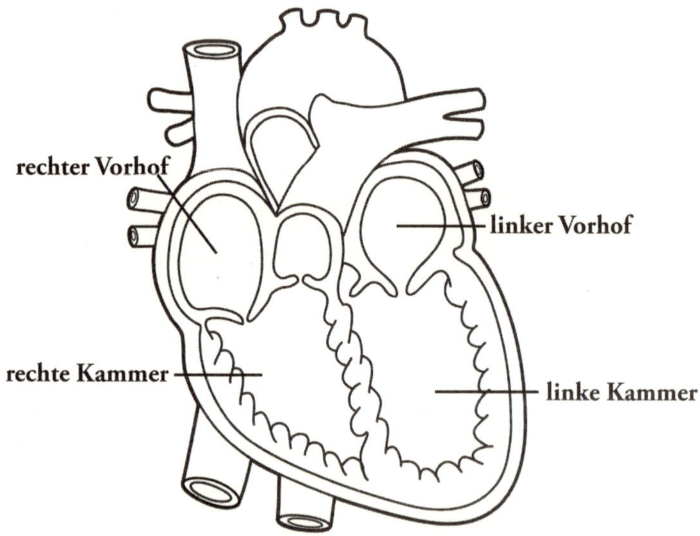

5 Ceres, Eris, Haumea, Makemake und Pluto

6 Cäsium, Francium, Kalium, Lithium, Natrium und Rubidium

7 Ampere, Candela, Kelvin, Kilogramm, Meter, Mol und Sekunde

8 In absteigender Reihenfolge: Leben, Domäne, Reich, Abteilung/Stamm, Klasse, Ordnung, Familie, Gattung und Art

9 1, 10, 11, 100, 101, 1010, 11001, 110010 und 1100100

10 Gesundheitszustand eines Neugeborenen, Windgeschwindigkeit, Seegang und Wellenhöhe, Tornadostärke, Einschränkung des Bewusstseins, sexuelle Orientierung, Härte von Feststoffen, Säuregehalt/Basizität einer Lösung, bei einem Erdbeben freigesetzte Energie und Chili-Schärfe

11 Argon, Chlor, Fluor, Helium, Krypton, Neon, Radon, Sauerstoff, Stickstoff, Wasserstoff und Xenon

AFRIKA

1 George Weah

2 Kinshasa und Brazzaville

3 Italien, Belgien und Portugal

4 Tschad, Algerien, Libyen und Südafrika

5 Büffel, Elefant, Leopard, Löwe und Rhinozeros

6 Lesotho, Botsuana, Benin, Ghana, Sambia und Malawi

7 Republik Kongo, Demokratische Republik Kongo, Gabun, Kenia, São Tomé und Príncipe, Somalia und Uganda

8 Nadine Gordimer, Naguib Mahfouz, Thomas Mofolo, J. M. Coetzee, Ben Okri, Waris Dirie, Chinua Achebe und Wole Soyinka

9 Seychellen, Mauritius, Marokko, Tunesien, Namibia, Kenia, Botsuana, Ägypten und Südafrika

10 Äthiopien, Malawi, Uganda, Zentralafrikanische Republik, Kenia, Sambia, Ghana, Zaire, Südafrika und Gabun

11 Luanda, Gaborone, Ouagadougou, Kairo, Addis Abeba, Nairobi, Monrovia, Antananarivo, Rabat, Windhoek, Abuja, Kigali, Freetown, Khartum und Lusaka

TRANSPORT

1 1860er-Jahre

2 Orville und Wilbur

3 Bug, Faden und Knoten

4 Ford, Rolls-Royce, Lotus und Volkswagen

5 Golden Gate Bridge, Pont D'Avignon, Ponte Vecchio, Öresundbrücke und Howrah Bridge

6 Madrid, Maputo, Mumbai, Paris, New York, Istanbul und Edinburgh

7 Sowjetunion, USA, Frankreich, Japan, China, Großbritannien und Indien

8 De Lorean, General Lee (Dodge Charger), Aston Martin DB5, Ford Anglia, KITT (Pontiac Trans Am), The FAB 1 (Rolls-Royce), Ford Gran Torino und GMC Vandura

9 Australien, Portugal, Ungarn, Brasilien, USA, Frankreich, Italien, Großbritannien und Belgien

10 Stockholm (Arlanda), Buenos Aires, New York (John F. Kennedy International), Los Angeles International, London (Heathrow), Lagos (Murtala Muhammed), Tokio (Narita), Shanghai Hongqiao International Airport, Sydney Airport und Berlin (Tegel „Otto Lilienthal«)

11 Rumänien, USA, Südkorea, Italien, Großbritannien, Frankreich, Schweden, China, Spanien, Tschechoslowakei, Indien, USA und Japan

MUSIK I

1 Marilyn Monroe

2 Wolfgang Amadeus Mozart und Antonio Salieri

3 José Carreras, Placido Domingo und Luciano Pavarotti

4 Micky Dolenz, Davy Jones, Michael Nesmith und Peter Tork

5 Baby, Ginger, Posh, Scary und Sporty

6 Sopran, Mezzosopran, Alt, Countertenor, Tenor und Bariton

7 »Beat It«, »Billie Jean«, »Human Nature«, »PYT (Pretty Young Thing)«, »The Girl Is Mine«, »Thriller« und »Wanna Be Startin' Somethin'«

8 Satchmo, Duke Ellington, Count Basie, Dizzy Gillespie, Lady Day, Cannonball Adderley, Fats Waller und Bird

9 Blitzen, Comet, Cupid, Dasher, Dancer, Donner, Prancer, Rudolph und Vixen

10 Wolfgang Amadeus Mozart, Ludwig van Beethoven, Gioachino Rossini, Giuseppe Verdi, Georges Bizet, Richard Wagner, Pjotr Iljitsch Tschaikowski, Giacomo Puccini, Benjamin Britten und John Adams

11 Bono, Elton John, Stevie Wonder, David Bowie, Freddie Mercury, George Michael, Sting, Tina Turner, Bob Dylan, Marilyn Manson, Gene Simmons, Iggy Pop, Flea, Meat Loaf, Sid Vicious und Slash

ALLGEMEINWISSEN II

1 Dänemark

2 Madeira und die Azoren

3 Judentum, Christenheit und Islam

4 Gryffindor, Hufflepuff, Ravenclaw und Slytherin

5 Homer, Marge, Bart, Lisa und Maggie

6 Gleichschenklig, gleichseitig, schiefwinklig, rechtwinklig, spitzwinklig und stumpfwinklig

7 Belize, Costa Rica, El Salvador, Guatemala, Honduras, Nicaragua und Panama

8 George Harrison, John Lennon, Paul McCartney, Ringo Starr, John Deacon, Brian May, Freddie Mercury und Roger Taylor

9 Dänemark, Deutschland, Estland, Finnland, Lettland, Litauen, Polen, Russland und Schweden

10 Burundi, Dschibuti, Fidschi, Haiti, Kiribati, Malawi, Mali, Mongolei, Slowakei und Türkei

11 Andorra, Belgien, Dänemark, Liechtenstein, Luxemburg, Monaco, Niederlande, Norwegen, Schweden, Spanien, Vereinigtes Königreich

GESCHICHTE I

1 Vasco da Gama

2 Bonn und Ostberlin

3 *Nina, Pinta* und *Santa Maria*

4 Abraham Lincoln, James A. Garfield, William McKinley und John F. Kennedy

5 Augustus, Tiberius, Caligula, Claudius und Nero

6 Katharina von Aragon, Anne Boleyn, Jane Seymour, Anna von Kleve, Catherine Howard und Catherine Parr

7 George W. Bush, Abraham Lincoln, Dwight D. Eisenhower, Angela Merkel, Margaret Thatcher, Benito Mussolini und Richard Nixon

8 Laika, Usain Bolt, Benazir Bhutto, Pheidippides, Roger Bannister, Robin Knox-Johnston, Dr. Christiaan Barnard und Roald Amundsen.

9 Actium, Hastings, Belagerung von Antiochia, Agincourt, Austerlitz, Gettysburg, Passchendaele, Monte Cassino, Tet-Offensive.

10 2001, 1492, 1991, 1865, 1918, 1949, 1994, 1947, 1215 und 1776

11 Simón Bolívar, Christoph Kolumbus, Jesus Christ (»Der Erlöser«), Georg III. von England, James Monroe, William Pitt der Ältere, Ludwig XV. von Frankreich, Marthinus Pretorius, Athene, Thomas Townshend (Lord Sydney), Elisabeth I. von England (die »Jungfräuliche Königin«) und George Washington

GEOGRAFIE I

1 Ungarn

2 Paris und Konstantinopel (das heutige Istanbul)

3 Kangchendzönga, Lhotse und Makalu

4 Vanuatu, Vatikanstadt, Venezuela und Vietnam

5 Kuba, Haiti, Dominikanische Republik, Jamaika und Trinidad & Tobago

6 Nil, Jangtse, Missouri, Amazonas, Murray und Wolga

7 Angel Falls (Venezuela), Tugela Falls (Südafrika), Cataratas Las Tres Hermanas (Peru), Olu'upena Falls (USA), Catarata Yumbilla (Peru), Vinnufosen und Balaifossen (beide Norwegen)

8 Kaspisches Meer, Oberer See, Victoriasee, Huronsee, Michigansee, Tanganyikasee, Baikalsee und Großer Bärensee

9 Athen, Toronto, Rom, Istanbul, Budapest, Moskau, Luxor, Hongkong und Dubai

10 Malta, Malediven, Saint Kitts & Nevis, Marschallinseln, Liechtenstein, San Marino, Tuvalu, Nauru, Monaco und Vatikanstadt

11 Real, Yuan/Renminbi, Koruna, Forint, Schekel, Yen, Ringgit, Dirham, Zloty, Rubel, Bolivar und Dong

DIE 1950ER-JAHRE

1 Rosa Parks

2 Helsinki und Melbourne

3 Romy Schneider, Karlheinz Böhm und Gustav Knuth

4 1955, 1957, 1953 und 1951

5 Konrad Adenauer, John Foster Dulles, Nikita Chruschtschow, Charles de Gaulle und Dwight D. Eisenhower

6 Belgien, Bundesrepublik Deutschland, Frankreich, Italien, Luxemburg und die Niederlande

7 Ronald Reagan, Brigitte Bardot, John F. Kennedy, Audrey Hepburn, Marilyn Monroe, Grace Kelly und Natalie Wood

8 William Randolph Hearst, Frank Lloyd Wright, Joseph Stalin, Diego Rivera, Imre Nagy, George Orwell, Alan Turing und Eva Peron

9 Günter Grass, Claude Lévi-Strauss, Boris Pasternak, Ray Bradbury, Isaac Asimov, Thor Heyerdahl, Vladimir Nabokov, Czesław Miłosz und Jack Kerouac

10 *Alles über Eva, Ein Amerikaner in Paris, Die größte Schau der Welt, Verdammt in alle Ewigkeit, Die Faust im Nacken, Marty, In 80 Tagen um die Welt, Die Brücke am Kwai, Gigi* und *Ben Hur*

11 Mexiko, Italien, Irland, Irak, Jugoslawien, Libyen, DDR, Kanada, Sowjetunion, Australien, Schweden und Finnland

BERÜHMTE PERSÖNLICHKEITEN I

1 Tutenchamun

2 Nicole Brown Simpson und Ronald Goldman

3 Julius Cäsar, Marcus Licinius Crassus und Pompeius

4 Johannes, Lukas, Markus und Matthäus

5 Jackie, Jermaine, Marlon, Michael und Tito

6 Valentina Tereschkowa, Swetlana Sawizkaja, Sally Ride, Judith Resnik, Kathryn D. Sullivan und Anna Lee Fisher

7 Nofretete, Ludwig XVI., Percy Byshe Shelley, John Smith, Schah Jahan, Elizabeth Barrett Browning und Edward Duke of Windsor (ehemals Eduard VIII.).

8 Carlsberg, HSBC (Hongkong & Shanghai Banking Corporation), Mitsubishi, Avon Products, The Coca-Cola Company, General Electric, Adidas und Virgin Records

9 John Tyler, Millard Fillmore, Andrew Johnson, Chester Arthur, Theodore Roosevelt, Calvin Coolidge, Harry Truman, Lyndon Johnson und Gerald Ford

10 James Cook, Hernán Cortés, Admiral Zheng He, Amerigo Vespucci, Marco Polo, Abel Tasman, Christoph Kolumbus, Sir Walter Raleigh, Ferdinand Magellan und David Livingstone

11 Fred Astaire, Marilyn Monroe, Judy Garland, Whoopi Goldberg, Woody Allen, Harry Houdini, John Wayne, Pelé, Voltaire, Julie Andrews, Charlie Sheen, Nicolas Cage, Audrey Hepburn, Sophia Loren und Molière

DIE KÜNSTE I

1 Die *Mona Lisa*

2 Platon und Aristoteles

3 17. Jahrhundert, 19. Jahrhundert, 16. Jahrhundert

4 *La Gioconda*, *Rigoletto*, *The Turn of the Screw* und *Tosca*

5 Grant Wood, Jan van Eyck, Pierre-Auguste Renoir, Pablo Picasso und Rembrandt

6 Pjotr Iljitsch Tschaikowsky, Adolphe Adam, Sergei Prokofjew, Igor Strawinski, Ludwig Minkus und Felix Mendelssohn (seine Musik wurde posthum verwendet)

7 Museum of Modern Art, New York; Uffizien, Florenz; Trinity College, Dublin; Prado, Madrid; Sixtinische Kapelle, Vatikanstadt; Santa Maria delle Grazie, Mailand; Louvre, Paris (s. Abb.)

8 Michelangelo, Margaret Keane, Frida Kahlo, Johannes Vermeer, Vincent van Gogh, Joseph Mallord William Turner, Christy Brown und Séraphine Louis

9 Erato, Euterpe, Kalliope, Klio, Melpomene, Polymnia, Terpsichore, Thalia und Urania

10 China, Norwegen, Mexiko, Österreich, USA, Italien, Niederlande, Belgien, Spanien und Russland

11 *Thespis*, *Trial by Jury*, *The Sorcerer*, *HMS Pinafore*, *The Pirates of Penzance*, *Patience oder Bunthornes Braut*, *Iolanthe*, *Princess Ida*, *The Mikado*, *Ruddigore*, *The Yeoman of the Guard*, *The Gondoliers*, *Utopia Ltd* und *The Grand Duke*

HOCH IN DEN LÜFTEN

1 Weißkopfseeadler

2 Großbritannien und Frankreich

3 Wanderalbatros, Rosapelikan und Marabu

4 Cumulus, Stratus, Cirrus und Nimbus

5 Troposphäre, Stratosphäre, Mesosphäre, Thermosphäre und Exosphäre

6 Elefantenvögel, Emus, Kasuare, Kiwis, Moas und Rheas

7 Blau, gelb, grün, indigo, orange, rot und violett

8 Baron Manfred von Richthofen, John Glenn, Amelia Earhart, Howard Hughes, Steve Fossett, Joseph-Michel und Jacques-Étienne Montgolfier, Charles Lindbergh und Paul Tibbets

9 Ozean der Stürme, Meer der Kälte, Regenmeer, Meer der Fruchtbarkeit, Meer der Ruhe, Wolkenmeer, Meer der Heiterkeit, Südliches Meer und Insel-Meer

10 Sirius, Canopus, Alpha Centauri (Rigil Kentaurus), Arcturus, Wega, Capella, Rigel, Prokyon, Achernar und Beteigeuze

11 Roald Amundsen, Subhas Chandra Bose, Amy Johnson, Dag Hammarskjöld, Rocky Marciano, Buddy Holly, Otis Redding, Steve Fossett, Lech Kaczynski, Stevie Ray Vaughan, Hansie Cronje und Aaliyah

ESSEN UND TRINKEN I

1 Pastel de Nata

2 Truthahn und Hühnchen

3 Südaustralien, Neusüdwales und Victoria

4 Deutschland, Frankreich, Ungarn und Italien

5 Tomate, Mozzarella, Basilikum, Salz und Olivenöl

6 Kartoffel, Linsen, Blumenkohl, Hühnchen, Käse und Spinat

7 Indonesien, USA, China, Jamaika, Großbritannien, Frankreich und Japan

8 Nigeria, Elfenbeinküste, Brasilien, Türkei, Spanien, Iran, USA und China

9 Lasagne, Donuts, Wodka Martini, Earl-Grey-Tee, Lutscher, Marmeladenbrote, Spinat, Pizza und Honig

10 Bloody Mary, Singapore Sling, Long Island Ice Tea, Mojito, Margarita, Cosmopolitan, Harvey Wallbanger, Screwdriver, White Russian und Manhattan

11 Japan, Brasilien, Dänemark, Südafrika, Argentinien, Thailand, Belgien, USA, China, Niederlande, Indien, Mexiko, Kanada, Italien, Tschechien, Australien und Polen

POLITIK

1 Monica Lewinsky

2 Muhammad Ali Jinnah und Jawaharlal Nehru

3 Exekutive, Judikative, Legislative

4 Internationaler Strafgerichtshof, Internationaler Währungsfonds, Nordatlantikpakt und die Organisation für Wirtschaftliche Zusammenarbeit und Entwicklung

5 China, Frankreich, Großbritannien, Russland und die USA

6 Arabisch, Chinesisch, Englisch, Französisch, Russisch und Spanisch

7 Deutschland, Frankreich, Großbritannien, Italien, Japan, Kanada und die USA

8 Albanien, Bulgarien, DDR, Polen, Rumänien, Sowjetunion, Ungarn und die Tschechoslowakei

9 Paris, Florenz, Granada, Wien, Sankt Petersburg, Peking, Istanbul, Jaipur und Edinburgh

10 Island, Österreich, Irland, Großbritannien, Israel, Indien, Schweiz, Schweden, Polen und Russland

11 Belgien, Bulgarien, Dänemark, Deutschland, Estland, Finnland, Frankreich, Griechenland, Irland, Italien, Kroatien, Lettland, Litauen, Luxemburg, Malta, Niederlande, Österreich, Polen, Portugal, Rumänien, Schweden, Slowakei, Slowenien, Spanien, Tschechien, Ungarn und Zypern

ASIEN

1 Gurus

2 Jangtse und Gelber Fluss (Huang He)

3 Agra, Delhi und Jaipur

4 Hokkaido, Honshu, Kyushu und Shikoku

5 Lu Xun, Jung Chang, Haruki Murakami, Rohinton Mistry und Arundhati Roy

6 Bhutan, Irak, Kirgisien, Nordkorea, Singapur und Jemen

7 Rajasthan, Madhya Pradesh, Maharashtra, Uttar Pradesh, Jammu & Kaschmir, Gujarat und Karnataka

8 Kambodscha, Indonesien, Japan, Philippinen, Singapur, Indien, Südkorea und Hongkong (China)

9 China, Japan, Jordanien, Indien, Kasachstan, Kambodscha, Turkmenistan, Indonesien und Myanmar

10 Baku, Dhaka, Thimphu, Phnom Penh, Vientiane, Ulaanbaatar (Ulan Bator), Naypyidaw, Kathmandu, Manila und Hanoi

11 Städte: Peking, Chongqing, Schanghai und Tianjin; autonome Regionen: Guangxi, Innere Mongolei, Ningxia, Tibet und Xinjiang; Sonderverwaltungszonen: Hongkong und Macau

SPRACHE

1 Sanskrit

2 Großbritannien und die USA

3 Deutsch, Französisch und Niederländisch

4 Gamma, Delta, Epsilon und Zeta

5 Dänisch, Nordfriesisch, Romanes, Saterfriesisch und Sorbisch

6 Mandarin, Hindi, Bengali, Japanisch, Arabisch und Javanisch

7 »I love you« (»Ich liebe dich«), »In my opinion« (»Meiner Meinung nach«), »Not safe for work« (»Nicht für den Arbeitsplatz geeignet«), »Laughing out loud« (»laut auflachen«), »Rolling on the floor laughing« (»Ich wälz' mich vor Lachen auf dem Boden«), »Too long, didn't read« (»(Der Text war) Zu Lang, (deshalb habe ich ihn) nicht gelesen«), »You only live once« (»Man lebt nur einmal«).

8 Bologneser, Cantabrigian, Kapstädter (oder Capetonians), Florentiner, Saigonesen, Las Vegans, Moskowiten und Neapolitaner

9 Angola, Äquatorialguinea, Brasilien, Guinea-Bissau, Kapverden, Mosambik, Ost-Timor, Portugal und São Tomé & Príncipe

10 QWERTZUIOP

11 Charlie, Delta, Echo, Foxtrot, Golf, Hotel, India, Juliett, Kilo, Lima, Mike, November, Oscar, Papa, Quebec, Romeo, Sierra, Tango, Uniform, Victor, Whiskey, Xray, Yankee und Zulu

Alpha	**B**ravo	**C**harlie	**D**elta	**E**cho	**F**oxtrot
Golf	**H**otel	**I**ndia	**J**uliet	**K**ilo	**L**ima
Mike	**N**ovember	**O**scar	**P**apa	**Q**uebec	**R**omeo
Sierra	**T**ango	**U**niform	**V**ictor	**W**hiskey	**X**-ray
Yankee	**Z**ulu				

DIE 1960ER-JAHRE

1 Checkpoint Charlie

2 Roy Lichtenstein und Andy Warhol

3 Rom, Tokio, Mexiko-Stadt

4 John F. Kennedy, Martin Luther King Junior, Lyndon B. Johnson und William Westmoreland

5 Scooby-Doo, Fred Jones, Daphne Blake, Velma Dinkley und Norville »Shaggy« Rogers

6 Richard Burton, Judy Garland, Frank Sinatra, Elvis Presley, Roman Polanski und John Lennon

7 1961, 1969, 1963, 1967, 1962, 1965 und 1968

8 David Gilmour, Nick Mason, Richard Wright, Roger Waters, Syd Barrett; Jimi Hendrix, Mitch Mitchell und Noel Redding

9 Michel Foucault, John Fowles, Saul Bellow, Gabriel García Márquez, Muriel Spark, Mikhail Bulgakov, Kurt Vonnegut, Heinrich Böll und Jean Rhys

10 *Das Appartement, West Side Story, Lawrence von Arabien, Tom Jones, My Fair Lady, The Sound of Music (Meine Lieder – meine Träume), Ein Mann zu jeder Jahreszeit, In der Hitze der Nacht, Oliver* und *Asphalt-Cowboy*

11 Italien, Tschechoslowakei, Chile, Ägypten, Australien, Niederlande, Tansania, Sowjetunion, Kanada, Demokratische Republik Kongo, Indonesien und DDR

MUSIK II

1 Nikolai Rimsky-Korsakow

2 Neneh Cherry und Youssou N'Dour

3 Violine, Gitarre, Schlagzeug

4 Benny Andersson, Agnetha Fältskog, Anni-Frid Lyngstad und Björn Ulvaeus

5 Niall Horan, Liam Payne, Harry Styles, Louis Tomlinson und Zayn Malik

6 Bauarbeiter, Biker, Cowboy, Indianer, Polizist und Soldat

7 *Titanic*, *Rocky III*, *Die Reifeprüfung*, *Butch Cassidy and the Sundance Kid (Zwei Banditen)*, *Frozen (Die Eiskönigin)*, *Saturday Night Fever* und *Top Gun*

8 Bart Howard, Hoagy Carmichael, Duke Ellington, Henry Mancini, John Kander, Cole Porter, George Gershwin und Irving Berlin

9 Irland, Indien, Japan, Belgien, Frankreich, China, Liechtenstein, Dänemark und die Niederlande

10 Johann Sebastian Bach, Carl Orff, Jean Sibelius, Antonio Vivaldi, Johannes Brahms, Georg Friedrich Händel, Ludwig van Beethoven, Gustav Holst, Edvard Grieg und Edward Elgar

11 Studioalben: *Madonna*, *Like a Virgin*, *True Blue*, *Like a Prayer*, *Erotica*, *Bedtime Stories*, *Ray of Light*, *Music*, *American Life*, *Confessions on a Dance Floor*, *Hard Candy*, *MDNA* und *Rebel Heart*. Soundtracks: *Who's That Girl*, *I'm Breathless* und *Evita*

ALLGEMEINWISSEN III

1 1997

2 Statler und Waldorf

3 Tick, Trick und Track

4 Sanguin, cholerisch, melancholisch, phlegmatisch

5 Blau, gelb, grün, rot und weiß

6 Deutschland, Österreich, Liechtenstein, Belgien und Luxemburg

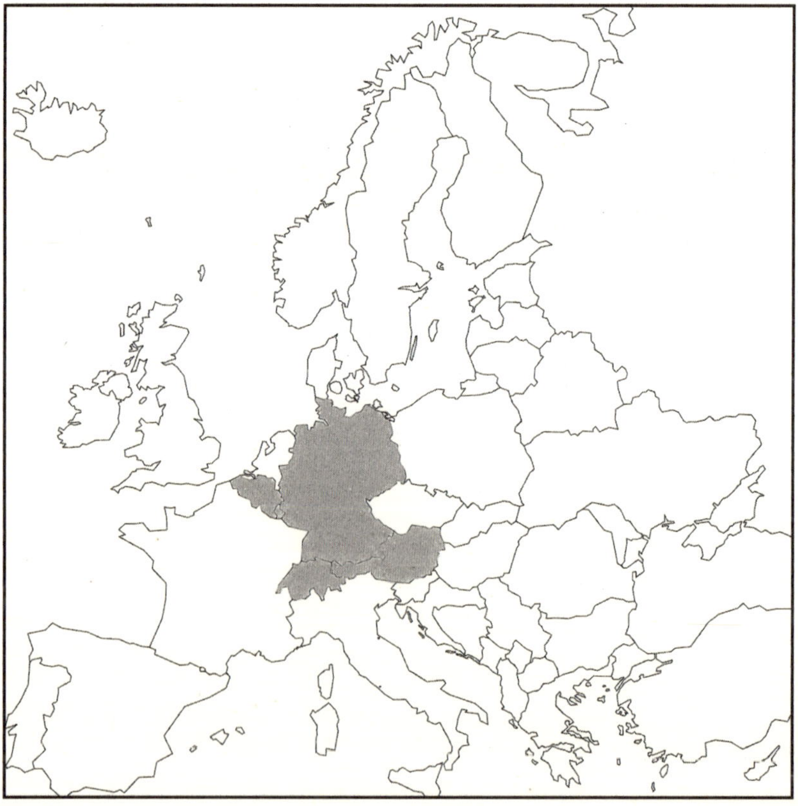

7 Taufe, Konfirmation, Eucharistie, Bußsakrament, Krankensalbung, Weihesakrament und Ehe

8 Ganymed, Titan, Callisto, Io, Erdmond, Europa, Triton und Titania

9 It, Granny (Eudora Addams), Lurch der Butler, Master Gomez Addams, Morticia Addams, Pugsley Uno Addams, Eiskaltes Händchen, Onkel Fester und Wednesday Friday Addams

10 Johan Cruyff Arena, Camp Nou, Allianz Arena, Goodison Park, Ibrox, San Siro, Old Trafford, Parc des Princes, Estádio do Dragão und Santiago Bernabéu

11 Michail Botwinnik, Wassili Smyslow, Michail Tal, Tigran Petrosjan, Boris Spasski, Bobby Fischer, Anatoli Karpow, Garry Kasparow, Alexander Chalifman, Viswanathan Anand, Ruslan Ponomarjow, Rustam Kasimjanov, Wesselin Topalow, Wladimir Kramnik und Magnus Carlsen

HELDEN

1 Jim Lee

2 Alan Moore und Dave Gibbons

3 Aphrodite, Athene, Hera; Paris entschied sich übrigens für Aphrodite

4 The Human Torch, Invisible Woman, Mister Fantastic und The Thing

5 Bianca Castafiore, Professor Bienlein, Kapitän Haddock und Schulze und Schultze

6 Jason Lee Scott, Kimberly Hart, Zack Taylor, Trini Kwan, Billy Cranston und Zordon

7 Faxe, Gorm, Halvar (Wickies Vater), Snorre, Tjure, Ulme, Der alte Urobe

8 Donatello, Leonardo, Michelangelo, Raphael, Splinter, April O'Neil, Casey Jones und Shredder

9 Coil Man, Fluid Man und Multi-Man; Namor, Doctor Strange und der Hulk; Batman, Superman und Wonder Woman

10 Storm, Nightcrawler, Beast, Wolverine, Mystique, Cyclops, Magneto, Rogue, Professor X und Havok

11 Batman, Captain America, Catwoman, Iceman, The Green Hornet, The Hulk, Iron Man, Magneto, Mr Fantastic, Robin, Spider-Man, Supergirl, Superman, The Thing und Wonder Woman

EUROPA

1 Andorra

2 Petrograd und Leningrad

3 Dorisch, ionisch und korinthisch

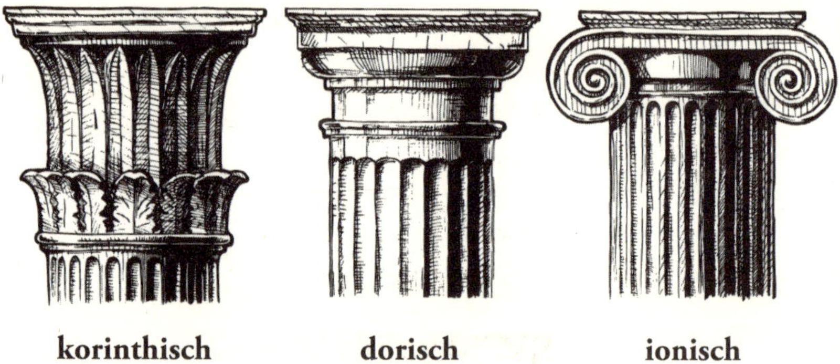

4 Belgrad, Budapest, Bratislava und Wien

5 Dänemark, Finnland, Island, Norwegen und Schweden

6 Bulgarien, Georgien, Rumänien, Russland, Türkei und Ukraine

7 München, Rom, Paris, Madrid, Amsterdam, Florenz und London

8 Bosnien und Herzegowina, Kroatien, Mazedonien, Montenegro, Serbien, Slowenien und das Kosovo. Das Kosovo erklärte sich 2008 für unabhängig von Serbien, allerdings erkennt Serbien das nicht an. Die autonome Provinz heißt Vojvodina.

9 Belgien, Dänemark, Frankreich, Luxemburg, Niederlande, Österreich, Polen, Schweiz und Tschechien

10 Tirana, Sofia, Zagreb, Reykjavik, Riga, Valletta, Oslo, Bukarest, Ljubljana und Ankara

11 Baden-Württemberg, Bayern, Berlin, Brandenburg, Bremen, Hamburg, Hessen, Mecklenburg-Vorpommern, Niedersachsen, Nordrhein-Westphalen, Rheinland-Pfalz, Saarland, Sachsen, Sachsen-Anhalt, Schleswig-Holstein und Thüringen

KINO II

1 *Der Jazz Singer*

2 Buzz Lightyear und Woody

3 *Die Jungfrauenquelle, Wie in einem Spiegel* und *Fanny und Alexander*

4 Sonny, Fredo, Michael und Connie

5 China, Indien, Japan, Nigeria und die USA

6 Jacques Rozier, Alain Resnais, François Truffaut, Claude Chabrol, Jacques Demy und Jean-Luc Godard

7 Charles Bronson, Yul Brynner, Horst Buchholz, James Coburn, Brad Dexter, Steve McQueen und Robert Vaughn

8 *Krieg der Sterne* (später umbenannt in *Star Wars: Episode IV – Eine neue Hoffnung*), *Star Wars: Episode V – Das Imperium schlägt zurück, Star Wars: Episode VI – Die Rückkehr der Jedi Ritter, Star Wars: Episode I – Die dunkle Bedrohung, Star Wars: Episode II – Angriff der Klonkrieger, Star Wars: Episode III – Die Rache der Sith, Das Erwachen der Macht* und *Die letzten Jedi*

9 Michael Haneke, Laurent Cantet, Lars von Trier, Chen Kaige, Wim Wenders, Roman Polanski, Jane Campion, Carol Reed und Terrence Malick

10 *Fargo, Jurassic Park, Psycho, Der weiße Hai, La La Land, Edward mit den Scherenhänden, Alien, Catch Me If You Can, Titanic* und *Ghostbusters*

11 *Iron Man, Der unglaubliche Hulk, Iron Man 2, Thor, Captain America: The First Avenger, Marvel's The Avengers, Iron Man 3, Thor – The Dark Kingdom, The Return of the First Avenger, Guardians of the Galaxy, Avengers: Age of Ultron, Ant-Man, The First Avenger: Civil War, Doctor Strange, Guardians of the Galaxy Vol. 2, Spider-Man: Homecoming, Thor: Tag der Entscheidung, Black Panther, Avengers: Infinity War*

PREISE UND AUSZEICHNUNGEN

1 Malala Yousafzai

2 *The Sound of Music* und *Fiorello!*

3 *Es geschah in einer Nacht*, *Einer flog über das Kuckucksnest* und *Das Schweigen der Lämmer*

4 John Bardeen, Marie Curie, Linus Pauling und Frederick Sanger

5 Madonna, Lady Gaga, Peter Gabriel, R.E.M. und Eminem

6 Chemie, Friedensnobelpreis, Literatur, Medizin, Physik und Wirtschaftswissenschaften

7 Edith Wharton, Margaret Mitchell, Harper Lee, John Updike, Toni Morrison, E. Annie Proulx und Donna Tartt

8 Lance Armstrong, Usain Bolt, Novak Djokovic, Roger Federer, Rafael Nadal, Michael Schumacher, Sebastian Vettel und Tiger Woods

9 Daniel Day-Lewis, Dustin Hoffman, Fredric March, Gary Cooper, Jack Nicholson, Marlon Brando, Sean Penn, Spencer Tracy und Tom Hanks

10 Beyoncé, Pierre Boulez, Chick Corea, Vladimir Horowitz, Quincy Jones, Alison Krauss, Georg Solti, U2, John Williams und Stevie Wonder

11 Cricket, Segeln, Autorennsport, Baseball, Frauentennis, Fußball, Rugby League (Dreizehner-Rugby), Basketball, Golf, Eishockey, Badminton, American Football, Rugby Union (Fünfzehner-Rugby), Pferderennen und Radsport

OLYMPISCHE SPIELE

1 Hochsprung

2 Tommie Smith und John Carlos

3 1916, 1940 und 1944

4 Brust, Delfin, Freistil und Rücken

5 Blau, gelb, grün, rot und schwarz

6 Barren, Bodenturnen, Pferdsprung, Reck, Ringe und Seitpferd

7 Norwegen, USA, Deutschland, UdSSR, Kanada, Österreich und Finnland

8 Diskuswerfen, Dreisprung, Hammerwerfen, Hochsprung, Kugelstoßen, Speerwerfen, Stabhochsprung und Weitsprung

9 USA, UdSSR, Großbritannien, Frankreich, Deutschland, Italien, China, Australien und Schweden

10 100-Meter-Lauf, Weitsprung, Kugelstoßen, Hochsprung, 400-Meter-Lauf, 110 Meter Hürden, Diskus, Stabhochsprung, Speerwerfen und 1500-Meter-Lauf

11 Athen, Paris, St. Louis, London, Stockholm, Antwerpen, Paris, Amsterdam, Los Angeles und Berlin

DIE 1970ER-JAHRE

1 Ping-Pong-Diplomatie

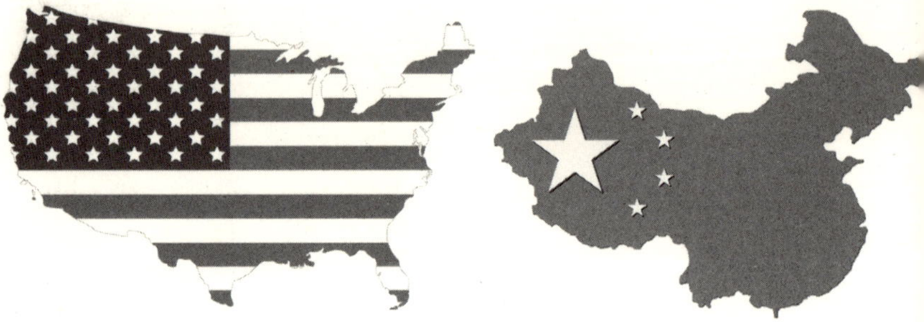

2 München und Montreal

3 Keith Emerson, Greg Lake und Carl Palmer

4 Jiang Qing, Wang Hongwen, Yao Wenyuan und Zhang Chunqiao

5 Isabel Peron, Elisabeth Domitien, Indira Gandhi, Golda Meir und Margaret Thatcher

6 Angola, Polen, Frankreich, Mexiko, Äthiopien und Pakistan

7 Willy Brandt, Richard Nixon, Henry Kissinger, John Sirica, Jimmy Carter, Anwar Sadat und Deng Xiaoping

8 Pablo Picasso, Coco Chanel, Ezra Pound, Charlie Chaplin, Agatha Christie, Kurt Gödel, Jimmy Hoffa und Janis Joplin

9 Wole Soyinka, Frederick Forsyth, Thomas Pynchon, Italo Calvino, Edward Said, Primo Levi, Alex Haley, Milan Kundera und John
Le Carré

10 *Patton – Rebell in Uniform*, *Brennpunkt Brooklyn (The French Connection)*, *Der Pate*, *Der Clou*, *Der Pate II*, *Einer flog über das Kuckucksnest*, *Rocky*, *Der Stadtneurotiker*, *Die durch die Hölle gehen* und *Kramer gegen Kramer*

11 ABBA, Santana, Simon & Garfunkel, The Rolling Stones, Bob Marley & the Wailers, Jean-Michel Jarre, Black Sabbath, Julio Iglesias, Fleetwood Mac, Stevie Wonder, Kraftwerk und Pink Floyd

GEOGRAFIE II

1 Niagarafälle

2 Bolivien und Peru

3 Grönland, Neuguinea und Borneo

4 Deutsch, Französisch, Italienisch und Rätoromanisch

5 Äquator, arktischer Polarkreis, antarktischer Polarkreis, nördlicher Wendekreis (Wendekreis des Krebses) und südlicher Wendekreis (Wendekreis des Steinbocks)

6 Sahara, Arabische Wüste, Gobi, Kalahari, Große Victoria-Wüste und Patagonische Wüste

7 Afrika, Antarktis, Asien, Australien, Europa, Nordamerika und Südamerika

8 Italien, Australien, Chile, Nordirland, USA, Österreich, Senegal und China

9 Mandarin, Spanisch, Englisch, Hindi, Arabisch, Portugiesisch, Bengali, Russisch und Japanisch

10 Russland, Kanada, USA, China, Brasilien, Australien, Indien, Argentinien, Kasachstan und Algerien

11 Afrikanische Platte, Antarktische Platte, Arabische Platte, Australische Platte, Cocosplatte, Eurasische Platte, Indische Platte, Juan-de-Fuca-Platte, Karibische Platte, Nazcaplatte, Nordamerikanische Platte, Pazifische Platte, Philippinenseeplatte, Scotiaplatte und Südamerikanische Platte

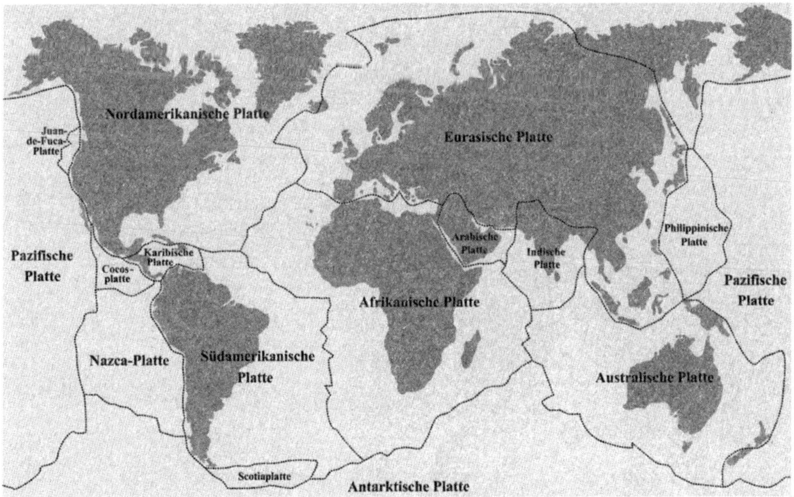
Nordamerikanische Platte
Juan-de-Fuca-Platte
Eurasische Platte
Pazifische Platte
Karibische Platte
Cocos-platte
Arabische Platte
Indische Platte
Philippinische Platte
Pazifische Platte
Afrikanische Platte
Nazca-Platte
Südamerikanische Platte
Australische Platte
Scotiaplatte
Antarktische Platte

DER MENSCHLICHE KÖRPER

1 William Harvey

2 Luftröhre und Kehlkopf

3 Hammer, Amboss und Steigbügel

4 Backenzähne, Eckzähne, Schneidezähne und vordere Backenzähne

5 Hören, Riechen, Schmecken, Sehen und Tasten

6 Eigelenk, Kugelgelenk, planes Gelenk, Sattelgelenk, Scharniergelenk und Zapfengelenk

7 Herzkrankheiten, Schlaganfall, Infekt der unteren Atemwege, chronisch obstruktive Lungenerkrankung, Kehlkopf-, Luftröhren- und Lungenkrebserkrankungen, Diabetes und Demenz

8 Gehirn, Hintern, Kiefer, Fuß, Oberschenkel, Handgelenk, Fußknöchel und Magen

9 Haut, Leber, Gehirn, Lungen, Herz, Nieren, Milz, Bauchspeicheldrüse und Schilddrüse

10 Femur (Oberschenkelknochen), Tibia (Schienbein), Fibula (Wadenbein), Humerus (Oberarmknochen), Ulna (Elle), Radius (Speiche), siebente Rippe, achte Rippe, Os coxa (Hüftbein) und Sternum (Brustbein)

11 Kammerwasser, Aderhaut, Bindehaut, Hornhaut, Iris, Linse, Sehnerv, Pupille, Netzhaut, Lederhaut, Tränendrüsen und Glaskörper

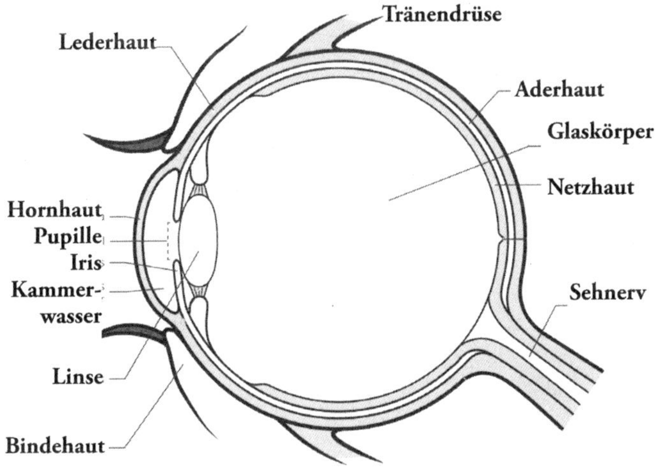

RELIGION

1 Voodoo

2 Kain und Abel

3 Rosch Haschana, Jom Kippur und Hanukkah

4 Dukkha (Die edle Wahrheit über das Leiden), Samudaya (Die edle Wahrheit über das Entstehen des Leidens), Nirodha (Die edle Wahrheit über die Beendigung des Leidens) und Magga (Die edle Wahrheit über den Pfad, der zur Beendigung des Leidens führt)

5 Schahada (Glaubensbekenntnis), Salat (Pflichtgebet), Zakat (das Geben von Almosen), Saum (Fasten im Ramadan) und Hadsch (Pilgerfahrt nach Mekka)

6 Johannes XXIII., Paul VI., Johannes Paul I., Johannes Paul II., Benedikt XVI. und Franziskus

7 Hochmut, Geiz, Wollust, Jähzorn, Völlerei, Neid und Faulheit

8 Brahma, Vishnu, Shiva, Krischna, Lakshmi, Durga, Ganesha und Hanuman

9 Konfuzianismus, Hinduismus, Buddhismus, Judentum, Sikhismus, Daoismus, Zoroastrismus, Wicca und Shintoismus

10 Wasser wird zu Blut, Frösche, Mücken, Stechfliegen, Viehpest, Schwarze Blattern, Hagel, Heuschrecken, Finsternis, Tod aller Erstgeborenen

11 Ascher, Benjamin, Dan, Gad, Issachar, Joseph, Juda, Levi, Naftali, Ruben, Simeon und Sebulon

MUSICALS I

1 *Oliver!*

2 Glinda/Galinda und Elphaba, die böse Hexe des Westens

3 Liza Minnelli, Michael York und Joel Grey

4 Frenchy, Jan, Marty und Rizzo

5 Roxie Hart, Velma Kelly, Billy Flynn, »Mama« Morton und Mary Sunshine

6 *Cricket, Evita, Jesus Christ Superstar, Joseph and the Amazing Technicolor Dreamcoat, The Likes of Us* und *The Wizard of Oz*

7 Liesl, Friedrich, Louisa, Kurt, Brigitta, Marta und Gretl

8 Green Day, Frankie Valli & the Four Seasons, ABBA, Billy Joel, The Kinks, The Proclaimers, The Spice Girls und Queen

9 *Evita*, *Wicked*, *The King and I*, *My Fair Lady*, *Annie*, *Guys And Dolls*, *Oklahoma!*, *A Little Night Music* und *Carousel*

10 *Carousel*, *State Fair*, *Allegro*, *South Pacific*, *The King and I*, *Me and Juliet*, *Pipe Dream*, *Cinderella*, *Flower Drum Song* und *The Sound of Music*

11 *Saturday Night*, *West Side Story*, *Gypsy*, *A Funny Thing Happened on the Way to the Forum*, *Anyone Can Whistle*, *Do I Hear a Waltz?*, *Company*, *Follies*, *A Little Night Music*, *The Frogs*, *Pacific Overtures*, *Sweeney Todd*, *Merrily We Roll Along*, *Sunday in the Park with George*, *Into the Woods*, *Assassins*, *Passion* und *Bounce*

RUND UMS WASSER

1 Riesenkraken

2 Backbord und Steuerbord

3 Cleo, Marlin und Fabius (Flounder)

4 Bartolomeu Dias/Diaz, Harold Holt, Robert Maxwell und Natalie Wood

5 Arktischer Ozean (auch: Nordpolarmeer, Nördliches Eismeer), Atlantik, Indischer Ozean, Pazifik und Südpolarmeer (auch: Südlicher Ozean, Antarktischer Ozean)

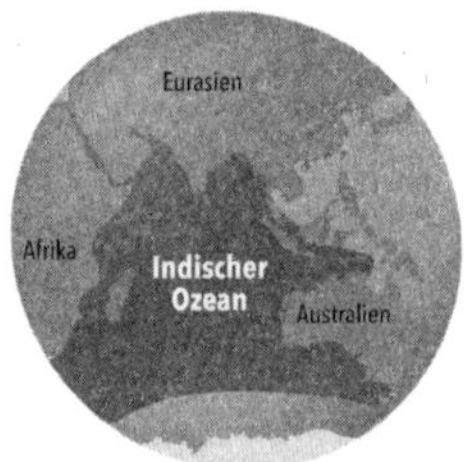

Indischer Ozean

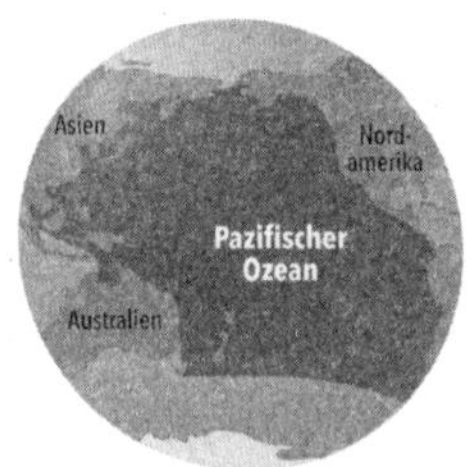

Pazifik

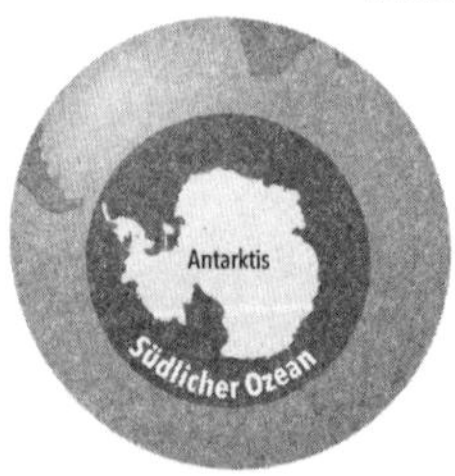

Antarktischer Ozean

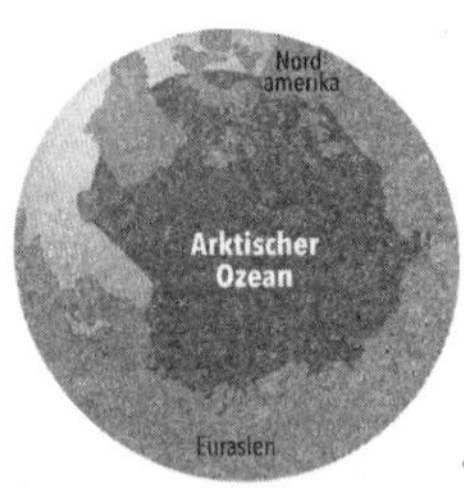

Arktischer Ozean

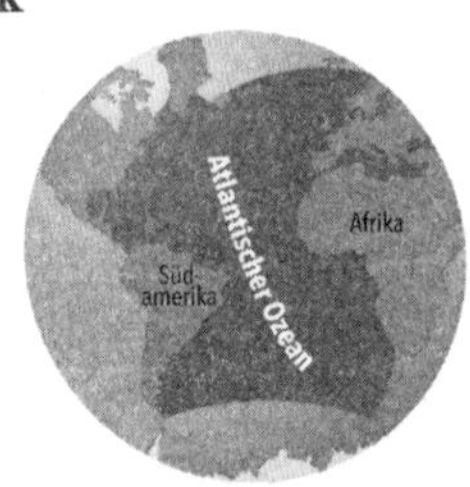

Atlantik

6 Schwarzer Marlin, Schwertfisch, Gestreifter Marlin, Wahoo, Makohai, Roter Thun (auch: Großer Thun, Nordatlantischer Thun, Blauflossen-Thunfisch)

7 Walhai, Riesenhai, Weißer Hai, Tigerhai, Pazifischer Schlafhai, Grönlandhai (auch: Eishai) und Großer Hammerhai

8 Kanada, Norwegen, Indonesien, Grönland, Russland, die Philippinen, Japan und Australien

9 Challengertief (Teil des Marianengrabens), Tongagraben, Galatheatief (Teil des Philippinengrabens), Kurilen-Kamtschatka-Graben, Kermadecgraben, Boningraben, Japangraben, Puerto-Rico-Graben und Yapgraben

10 Blauwal, Finnwal, Pottwal, Grönlandwal, Kaper, Buckelwal, Grauwal, Seiwal, Brydewal und Schwarzwal

11 *Pequod*, *Jolly Roger*, USS *Constitution*, *Rainbow Warrior*, HMS *Victory*, *Bismarck*, *Argo*, *Hispaniola*, RMS *Lusitania*, *Dawn Treader*, *Nautilus* und *Demeter*

ALLGEMEINWISSEN IV

1 Lab

2 Romulus und Remus

3 Erdbeere, Schokolade und Vanille

4 Australien, Neuseeland, die Schweiz und Großbritannien

5 Ant-Man, der Hulk, Iron Man, Thor und Wasp

6 Kunst & Literatur, Unterhaltung, Erdkunde, Geschichte, Wissenschaft & Technik, Sport & Vergnügen

7 Kilimandscharo, Mount Everest, Mount McKinley (auch: Denali), Aconcagua, Vinson-Massiv, Mount Kosciuszko und der Elbrus

8 Dr Dre, Pitbull, Snoop Dogg, Notorious BIG, 50 Cent, Eminem, Jay Z und Ice T

9 2, 3, 5, 7 11, 13, 17, 19 und 23

10 Du sollst neben mir keine anderen Götter haben; du sollst dir kein Gottesbildnis machen; du sollst meinen Namen nicht missbrauchen; du sollst den Sabbat achten; du sollst Vater und Mutter ehren; du sollst nicht töten; du sollst nicht Ehebruch begehen; du sollst nicht stehlen; du sollst nicht falsch aussagen gegen deinen Nächsten; du sollst nicht begehren deines Nachbarn Hab und Gut.

11 Höhen, Fliegen, weite Plätze, Spinnen, Clowns, Frauen, Mäuse, Schlangen, Geister, Furcht, Schlaf und Nadeln

DIE 1980ER-JAHRE

1 Luigi

2 Ferdinand und Imelda Marcos

3 Moskau, Los Angeles und Seoul

4 Lech Walesa, Juri Andropow, Corazon Aquino und Michail Gorbatschow

5 Axl Rose, Duff McKagan, Izzy Stradlin, Slash und Steven Adler

6 Iran, Österreich, Ägypten, Südafrika, Israel und Sowjetunion

7 1981, 1989, 1986, 1984, 1983, 1980 und 1986

8 Joan Miró, Alfred Hitchcock, Ingrid Bergman, Thelonious Monk, Indira Gandhi, Anwar Sadat, Richard Feynman und Dian Fossey

9 Haruki Murakami, Marguerite Duras, Margaret Atwood, Salman Rushdie, Umberto Eco, Patrick Süskind, Kazuo Ishiguro, Milan Kundera und Isabel Allende

10 *Eine ganz normale Familie, Die Stunde des Siegers, Gandhi, Zeit der Zärtlichkeit, Amadeus, Jenseits von Afrika, Platoon, Der letzte Kaiser, Rain Man* und *Miss Daisy und ihr Chauffeur*

11 Bruce Springsteen, Dire Straits, Pixies, Paul Simon, Roxette, A-ha, Def Leppard, Youssou N'Dour, Phil Collins, Prince & The Revolution, Neneh Cherry und Madonna

LITERATUR II

1 *Eine gute Partie*

2 Scarlett O'Hara und Rhett Butler

3 Aramis, Athos und Porthos

4 Amy, Beth, Jo und Meg

5 Anne, Georgina (George), Julian (Ju), Richard (Dick) und Timotheus (Timmy)

6 Sam Spade, Inspector Morse, William Baskerville, Philip Marlowe, Kurt Wallander und C. Auguste Dupin

7 *A Game of Thrones*, *A Clash of Kings*, *A Storm of Swords*, *A Feast for Crows*, *A Dance with Dragons*, *The Winds of Winter* und *A Dream of Spring*

8 Lewis Carroll, Hergé, Joseph Conrad, Anne Rice, E. L. James, George Orwell, George Eliot und Dr. Seuss

9 British Library, Library of Congress, Library & Archives Canada, New York Public Library, Russische Staatsbibliothek, Bibliothèque Nationale de France, Russische Nationalbibliothek, Nationale Parlamentsbibliothek von Japan und Chinesische Nationalbibliothek

10 Anthony Burgess, Ian McEwan, Truman Capote (s. Foto), Alice Walker, Boris Pasternak, Michael Ondaatje, Mario Puzo, Ken Kesey und Thomas Harris

11 *Kindheit, Knabenalter, Jünglingsjahre, Die Kosaken, Krieg und Frieden, Anna Karenina, Auferstehung, Familienglück, Der Tod des Iwan Iljitsch, Die Kreutzer-Sonate, Der Tod, Der gefälschte Kupon* und *Hadschi Murat*

NORDAMERIKA

1 Honduras

2 Ben Johnson und Carl Lewis

3 Leben, Freiheit und das Streben nach Glück

4 Mexiko-Stadt, Ecatepec, Guadalajara und Puebla (auch: Heroica Puebla de Zaragoza)

5 Eriesee, Huronsee, Michigansee, Oberer See und Ontariosee

6 Barbados, Bahamas, Trinidad & Tobago, Dominica, Dominikanische Republik und Antigua & Barbuda

7 Calgary Flames, Edmonton Oilers, Montreal Canadiens, Ottawa Senators, Toronto Maple Leafs, Vancouver Canucks und Winnipeg Jets

8 Brown University, Columbia University, Cornell University, Dartmouth College, Harvard University, University of Pennsylvania, Princeton University und Yale University

9 New York City, Los Angeles, Chicago, Houston, Phoenix, Philadelphia, San Antonio, San Diego und Dallas

10 Alberta, British Columbia, Manitoba, New Brunswick (Neubraunschweig), Neufundland & Labrador, Nova Scotia (Neuschottland), Ontario, Prince Edward Island, Quebec und Saskatchewan

11 Connecticut, Delaware, Georgia, Maryland, Massachusetts, New Hampshire, New Jersey, New York, North Carolina, Pennsylvania, Rhode Island, South Carolina und Virginia (s. Karte)

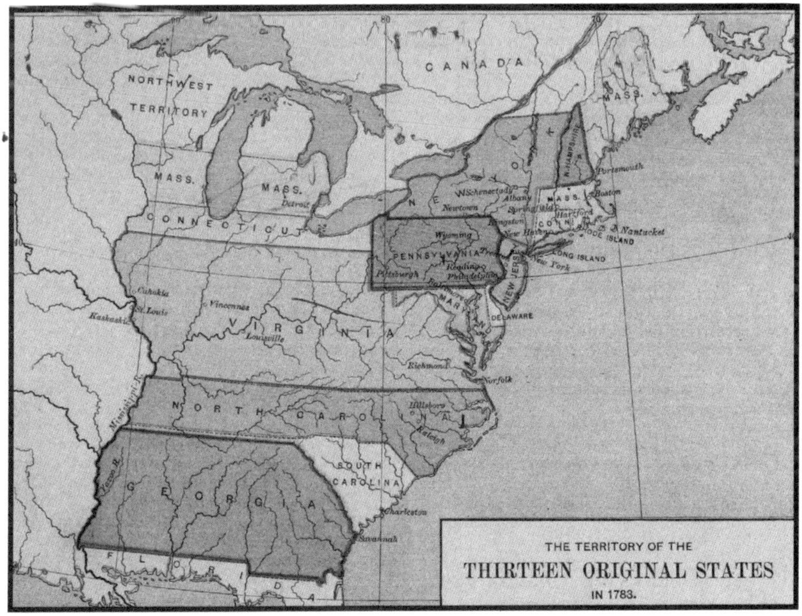
CANADA
NORTHWEST
TERRITORY
MASS.
MASS.
CONNECTICUT
NEW YORK
PENNSYLVANIA
VIRGINIA
NORTH CAROLINA
SOUTH CAROLINA
GEORGIA
FLORIDA
DELAWARE
NEW JERSEY
LONG ISLAND
RHODE ISLAND
CONN.
THE TERRITORY OF THE
THIRTEEN ORIGINAL STATES
IN 1783.

MYTHOLOGIE

1 Maya

2 *Ilias* und *Odyssee*

3 Ra, Isis und Anubis

4 Jupiter, Vesta, Venus und Merkur

5 *Diebe im Olymp, Im Bann des Zyklopen, Der Fluch des Titanen, Die Schlacht um das Labyrinth* und *Die letzte Göttin*

6 Reisenden, Hase, Heuschrecke, Trauben, Lamm, Fuchs

7 Harpyie, Greif, Zentaur, Satyr, Meerjungfrau, Einhorn und Pegasus

8 Cao Guojiu, Han Xiangzi, He Xian'gu, Lan Caihe, Li Tieguai, Lü Dongbin, Zhang Guolao und Zhongli Quan

9 Alfheim (auch: Albenheim), Asgard, Helheim (auch: Hel), Jötunheim, Midgard, Muspellsheim (auch: Muspell), Niflheim, Svartalfheim (auch Schwarzalbenheim) und Wanenheim

10 Poseidon, Hades, Ares, Apoll, Hephaistos, Dionysos, Hypnos, Athene, Aphrodite und Artemis

11 Ratte, Büffel, Tiger, Hase, Drache, Schlange, Pferd, Ziege, Affe, Hahn, Hund und Schwein (s. Bild)

PFLANZEN UND BÄUME

1 Tulpe

2 Einjährige und Mehrjährige

3 Hundertsechzig-Morgen-Wald, Sherwood Forest und Endor

4 Staubgefäß, Stempel, Blütenblätter und Stamm

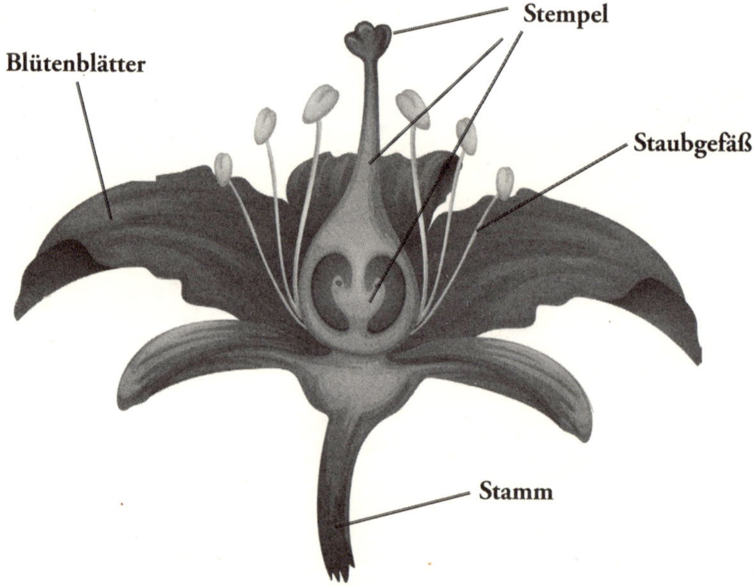

5 Dahlie, Kamelien, Zedern, Rose und Buche

6 Bodhi-Baum, Kastanie, Mammutbaum, Kirschbaum, Apfelbaum und Dornbusch

7 Ahorn, Birke, Kastanie, Esche, Pappel, Kiefern und Eichen

8 Russland, Kanada, Brasilien, USA, China, Australien, Demokratische Republik Kongo und Argentinien

9 Brombeeren, schwarze Johannisbeeren, Orange, Birne, Mandel, Zitrone, Haselnuss, Kirsche und Melone

10 Löwenmaul, Kornblume, Nelke, Fingerhut, Sonnenblume, Fleißiges Lieschen, Duftwicke, Flieder, Schneeglöckchen und Schleierkraut

11 Peking, Florenz, New York City, Mexiko-Stadt, Stockholm, München, London, Paris, Perth, Bangkok, Osaka, Barcelona, São Paulo, Dublin, Vancouver und Tokio

DER WELTRAUM

1 Kometen

2 Phobos und Deimos

3 Neil Armstrong, Buzz Aldrin und Michael Collins

4 Kopf, Kern, Koma (die Hülle) und Schweif (Ionen und Staub)

5 NASA (USA), CSA (Kanada), ESA (Europa), JAXA (Japan) und Roscosmos (Russland)

6 *Atlantis, Endeavour, Discovery, Challenger, Columbia* und *Enterprise*

7 Stickstoff, Sauerstoff, Argon, Kohlendioxid, Neon, Helium und Methan

8 Merkur, Venus, Erde, Mars, Jupiter, Saturn, Uranus und Neptun

9 Jean-Luc Picard, William T. Riker, Data, Geordi La Forge, Worf, Beverly Crusher, Deanna Troi, Tasha Yar und Wesley Crusher

10 Pete Conrad, Alan Bean, Alan Shepard, Edgar Mitchell, David Scott, James Irwin, John Young, Charles Duke, Eugene Cernan und Harrison Schmitt

11 Widder, Stier, Zwillinge, Krebs, Löwe, Jungfrau, Waage, Skorpion, Schütze, Steinbock, Wassermann und Fische

STÄDTE

1 Mali

2 Reykjavik und Wellington

3 Sankt Petersburg, Belize City und Lagos

4 Belfast, Cardiff, Edinburgh und London

5 Bronx, Brooklyn, Manhattan, Queens und Staten Island

6 Rabat, Reykjavik, Riga, Riad, Rom und Roseau

7 Boston, New York City, Los Angeles, Miami, Detroit, Las Vegas und Chicago

8 Rio de Janeiro, Istanbul, Barcelona, Moskau, Vatikanstadt, Kapstadt, Agra und Xian

9 Mumbai, Tokio, Istanbul, Oslo, Chennai, Chemnitz, Yangon, Ho-Chi-Minh-Stadt und Harare

10 Molonglo, Río de la Plata, Moldau, Nil, Seine, Tigris, Tiber, Amstel, Liffey und Potomac

11 Elfenbeinküste, Äthiopien, Libanon, Senegal, Botsuana, Simbabwe, Indonesien, Jamaika, Peru, Weißrussland, Zypern, Haiti, Ecuador, Südkorea, Estland und Namibia

WISSENSCHAFT II

1 Francis Bacon

2 Isaac Newton und Gottfried Wilhelm Leibniz

3 Protonen, Neutronen und Elektronen

4 Adenin, Cytosin, Guanin und Thymin

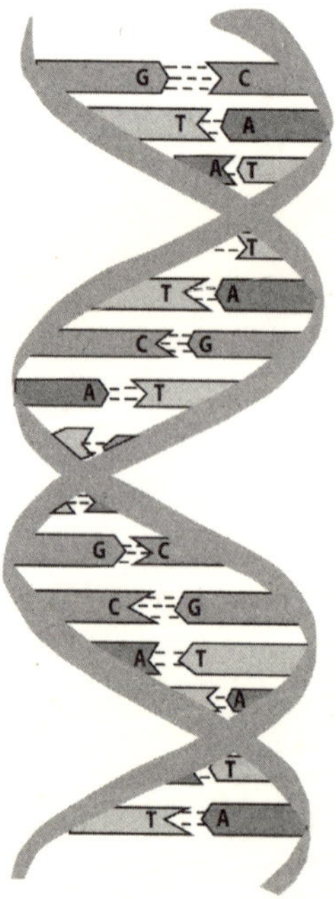

5 Marie Curie und Pierre Curie (1903, Physik); Frédéric Joliot und Irène Joliot-Curie (1935, Chemie); Carl Cori und Gerty Cori (1947, Medizin); May-Britt Moser und Edvard Moser (2014, Medizin); Sir William Henry Bragg und William Lawrence Bragg (1915, Physik)

6 Argon, Helium, Krypton, Neon, Radon und Xenon

7 Kreuz des Südens, Drache, Adler, Großer Wagen, Pfau, Schild und Einhorn

8 212 °F, 98,6 °F, 69,8 °F und 32 °F; 373,15 K, 310 K, 294,15 K und 273,15 K

9 Stephen Hawking, Andreas Vesalius, Nikolaus Kopernikus, Galileo Galilei, Isaac Newton, Rachel Carson, Carl Sagan, Oliver Sacks und Charles Darwin

10 Niels Bohr (Bohrium), Pierre und Marie Curie (Curium), Albert Einstein (Einsteinium), Enrico Fermi (Fermium), Ernest Lawrence (Lawrencium), Dmitri Mendelejew (Mendelevium), Lise Meitner (Meitnerium), Alfred Nobel (Nobelium), Ernest Rutherford (Rutherfordium) und Wilhelm Röntgen (Roentgenium)

11 Bienen, Zellen, Insekten, Frauengesundheit, Blut, Schmetterlinge und Motten, Nerven, Krebs, Knochen, Krankheiten, Schlaf und Giften

DIE 1990ER-JAHRE

1 Jitzchak Rabin

2 Barcelona und Atlanta

3 Kurt Cobain, Dave Grohl und Krist Novoselic

4 1997, 1994, 1999 und 1991

5 Naomi Campbell, Cindy Crawford, Linda Evangelista, Tatjana Patitz und Christy Turlington

6 Chandler Bing, Phoebe Buffay, Monica Geller, Ross Geller, Rachel Green und Joey Tribbiani

7 Mika Häkkinen, Damon Hill, Nigel Mansell, Alain Prost, Michael Schumacher, Ayrton Senna und Jacques Villeneuve

8 Edward Bunker, Steve Buscemi, Harvey Keitel, Michael Madsen, Chris Penn, Tim Roth, Quentin Tarantino und Lawrence Tierney

9 *Die Firma, Die Akte, Der Klient, Die Kammer, Der Regenmacher, Das Urteil, Der Partner, Der Verrat* und *Das Testament*

10 *Der mit dem Wolf tanzt, Das Schweigen der Lämmer, Erbarmungslos, Schindlers Liste, Forrest Gump, Braveheart, Der englische Patient, Titanic, Shakespeare in Love* und *American Beauty*

11 U2, 2Pac Shakur, Andrea Bocelli, Radiohead, Red Hot Chili Peppers, Michael Jackson, Jeff Buckley, Alanis Morissette, Beck, R.E.M., Ace of Base, New Kids on the Block, Pearl Jam, Sheryl Crow und Aqua

MUSICALS II

1 *Fiddler on the Roof*

2 Max Bialystock und Leo Bloom

3 Die Vogelscheuche, der Blechmann und der Feige Löwe

4 Sky Masterson, Sister Sarah Brown, Nathan Detroit und Miss Adelaide

5 Jean Valjean, Inspektor Javert, Fantine, Éponine und Gavroche

6 Tausendfüßler, Libellen, Laubheuschrecke, Heuschrecke, Moskito und Motten

7 Adam, Benjamin, Caleb, Daniel, Ephraim, Frank und Gideon Pontipee

8 Gus/Asparagus, Macavity, Skimble/Skimbleshanks, Jennyanydots/Jenny Fleckenfell, Grizabella, Bustopher Jones/Bustopher Mürr, Growltiger und Mr Mistoffelees/Quaxo

9 *Das Phantom der Oper*, *Chicago*, *Der König der Löwen*, *Cats*, *Les Misérables*, *A Chorus Line*, *Oh! Calcutta!*, *Wicked*, *Mamma Mia!*

10 *The Broadway Melody*, *Der große Ziegfeld*, *Der Weg zum Glück*, *Ein Amerikaner in Paris*, *Gigi*, *West Side Story*, *My Fair Lady*, *The Sound of Music*, *Oliver!* und *Chicago*

11 Regentropfen auf Rosen; Schnurrhaare bei Kätzchen; helle Kupferkessel; warme Wollhandschuhe; braune, mit Band verschnürte Pakete; cremefarbene Ponys; knackige Apfelstrudel; Türklingeln; Schlitten; Schnitzel mit Nudeln; Wildgänse, die im Mondlicht fliegen; Mädchen in weißen Kleidern mit blauen Satinschärpen; Schneeflocken, die auf der Nase und den Wimpern liegen bleiben; silberweiße Winter, die ins Frühjahr übergehen

ESSEN UND TRINKEN II

1 Safran

2 Himbeere und Waldmeister

3 Bacon, Salat und Tomate

4 Michel und Albert, Alain (Michels Sohn) und Michel Junior (Alberts Sohn)

5 Bitter, salzig, sauer, süß und umami

6 Anton Tschechow, Joanne Harris, Roald Dahl, Anthony Burgess, John Steinbeck und Fannie Flagg

7 Magnum, Jeroboam, Rehoboam, Methuselah, Salmanazar, Balthazar und Nebukadnezar

8 Mexiko, Griechenland, Niederlande, Schweiz, Spanien, USA, Italien und Großbritannien

9 Tagliatelle, Pappardelle, Rigatoni, Spaghetti, Linguine, Stringozzi, Fettuccine, Fusilli und Vermicelli

10 Japan, Polen, Frankreich, Australien, Deutschland, Indien, Italien, China, Russland und Mexiko

11 Schweiz, Südafrika, Tschechien, USA, Island, Frankreich, Georgien, Indien, Italien, China, Griechenland, Portugal, Japan, Spanien, Ungarn und Mexiko

KINO III

1 Guillermo del Toro

2 Rick und Ilsa

3 *Pather Panchali*, *Aparajito* und *Apur Sansar*

4 *Joe gegen den Vulkan*, *Schlaflos in Seattle*, *E-m@il* für Dich und *Ithaca*

5 *Fluch der Karibik*, *Pirates of the Caribbean – Fluch der Karibik 2*, *Pirates of the Caribbean – Am Ende der Welt*, *Pirates of the Caribbean – Fremde Gezeiten* und *Pirates of the Caribbean – Salazars Rache*

6 *Alien*, *Aliens – Die Rückkehr*, *Alien 3*, *Alien – Die Wiedergeburt*, *Prometheus – Dunkle Zeichen* und *Alien: Covenant*

7 *Chihiros Reise ins Zauberland*, *Das wandelnde Schloss*, *Ponyo – Das große Abenteuer am Meer*, *Prinzessin Mononoke*, *Arrietty – Die wundersame Welt der Borger*, *Wie der Wind sich hebt* und *Die Chroniken von Erdsee*

8 Stanley Kubrick, Martin Scorsese, Federico Fellini, David Lynch, Sergio Leone, John Huston, Clint Eastwood und Sam Peckinpah

9 *Das Schweigen der Lämmer*, *This is Spinal Tap*, *Chicken Run*, *Zurück in die Zukunft*, *Cool Runnings*, *Ferris macht blau*, *Men in Black*, *Die Matrix* und *King Kong*

10 *E.T. – Der Außerirdische*, *Die Farbe Lila*, *Schindlers Liste*, *Der Soldat James Ryan*, München, *Letters from Iwo Jima*, *Gefährten*, *Lincoln*, *Bridge of Spies* und *Die Verlegerin*

11 *Star Trek – Der Film*, *Star Trek II – Der Zorn des Khan*, *Star Trek III – Auf der Suche nach Mr. Spock*, *Star Trek IV – Zurück in die Gegenwart*, *Star Trek V – Am Rande des Universums*, *Star Trek VI – Das unentdeckte Land*, *Star Trek: Treffen der Generationen*, *Star Trek: Der erste Kontakt*, *Star Trek: Der Aufstand*, *Star Trek: Nemesis*, *Star Trek*, *Star Trek Into Darkness* und *Star Trek Beyond*

ALLGEMEINWISSEN V

1 Schach

2 Laurel & Hardy

3 Alvin, Simon und Theodore

4 Gelb, magenta, schwarz und zyan

5 Anna Pavlova (Pavlova), Margherita von Savoyen (Margherita), Dame Nelly Melba (Pfirsich Melba), John Montagu, 4th Earl of Sandwich (Sandwich), und Wolfgang Amadeus Mozart (Mozartkugel)

6 Adam West, Michael Keaton, Val Kilmer, George Clooney, Christian Bale und Ben Affleck

7 George Washington, Thomas Jefferson, Abraham Lincoln, Alexander Hamilton, Andrew Jackson, Ulysses S. Grant und Benjamin Franklin

8 *Agnes Grey*, *Jane Eyre*, *Shirley*, *The Green Dwarf*, *Der Professor*, *Die Herrin von Wildfell Hall*, *Villette* und *Die Sturmhöhe*

9 China, Frankreich, Großbritannien, Indien, Israel, Nordkorea, Pakistan, Russland und die USA

10 Jack Brabham, Juan Manuel Fangio, Lewis Hamilton, Niki Lauda, Nelson Piquet, Alain Prost, Ayrton Senna, Michael Schumacher, Jackie Stewart und Sebastian Vettel

11 Granat, Amethyst, Aquamarin, Diamant, Smaragd, Alexandrit/Mondstein/Perle, Rubin, Peridot, Saphir, Opal/Turmalin, Citrin/Topas, Tansanit/Türkis/Zirkon

DIE KÜNSTE II

1 Walter Sickert

2 Donatello und Auguste Rodin

3 Caravaggio, El Greco und Tintoretto

4 Louis Réard, Levi Strauss, Coco Chanel und Mary Quant

5 Auguste Rodin, Pablo Picasso, Andy Warhol, Gustav Klimt und Jeff Koons

6 Impressionismus, Barock, Präraffaeliten, Surrealismus, Pop Art und Bauhaus

7 Samba, Walzer, Disco, Cha-Cha-Cha, Charleston, Tango und Breakdance

8 San Diego, Mailand, New York City, Bayreuth, Paris, Buenos Aires, Moskau und London

9 Knie beugen; großer Sprung von einem Bein auf das andere; auf einem Bein stehen und das andere nach hinten gerade ausstrecken; Drehung in der Luft; mit einem Bein abspringen und auf zwei landen; Schritte/Sprünge mit Wechsel der Fußposition; Drehung auf einem Bein; mit gekreuzten Beinen schräg zum Publikum stehen; auf einem Bein stehen, das andere wird mit gebeugtem Knie gehoben

10 *Norma*, *La Bohème*, *Carmen*, *Rigoletto*, *Der Barbier von Sevilla*, *Turandot*, *Carmina Burana*, *Gianni Schicchi*, *Eugen Onegin* und *Die Zauberflöte*

11 Pieter Bruegel, Diego Velázquez, Pierre-Auguste Renoir, Peter Paul Rubens, Canaletto, Paul Cézanne, Edgar Degas, Diego Rivera, Salvador Dalí, Edvard Munch, Claude Monet und Wassily Kandinsky

OZEANIEN

1 Ayers Rock

2 Auckland und Christchurch

3 Wallaby, Palme und Silberfarn

4 Hawaii (Big Island), Maui, Oahu und Kauai

5 Murray, Murrumbidgee, Darling, Lachlan und Warrego

6 AC/DC, Kylie Minogue, INXS, Nick Cave & the Bad Seeds, Olivia Newton-John und Crowded House

7 Auckland, Dunedin, Brisbane, Melbourne, Sydney, Perth und Wellington

8 Adelaide, Brisbane, Canberra, Darwin, Hobart, Melbourne, Perth und Sydney

9 Tim Winton, Marcus Clarke, Ruth Park, Miles Franklin, Peter Carey, Joan Lindsay, Bryce Courtenay, Christos Tsiolkas und Jeannie (Mrs Aeneas) Gunn

10 Fidschi, Kiribati, Mikronesien, Palau, Papua-Neuguinea, Samoa, Salomoninseln, Tonga, Tuvalu und Vanuatu

11 Sir Robert Menzies, Harold Holt, John McEwen, John Gorton, William McMahon, Gough Whitlam, Malcolm Fraser, Bob Hawke, Paul Keating, John Howard, Kevin Rudd, Julia Gillard, Tony Abbott und Malcolm Turnbull

GESCHICHTE II

1 Karl der Große

2 Frankreich und Großbritannien

3 Wilhelm I., Friedrich III. und Wilhelm II.

4 Galba, Otho, Vitellius und Vespasian

5 Fidel Castro, Sun Yat-sen, Maximilien de Robespierre, Ahmed Ben Bella und Simón Bolívar

6 Marokko, Monaco, die Niederlande, Saudi-Arabien, Tonga und Bhutan

7 Johanna von Orleans, Hannibal, Alexander der Große, Erwin Rommel, Gustav II. Adolf, Suleiman der Prächtige und Dschingis Khan

8 Erzherzog Franz Ferdinand, Martin Luther King Junior, Spencer Perceval, John F. Kennedy, William McKinley, Anna Lindh, Mahatma Gandhi und Rajiv Gandhi

9 Konrad Adenauer, Ludwig Erhard, Kurt Georg Kiesinger, Willy Brandt, Walter Scheel, Helmut Schmidt, Helmut Kohl, Gerhard Schröder und Angela Merkel

10 1648, beendete den 30-jährigen Krieg und den 80-jährigen Unabhängigkeitskrieg; 1713, beendete den Spanischen Erbfolgekrieg; 1842, beendete den ersten Opiumkrieg; 1895, beendete den ersten Chinesisch-Japanischen Krieg; 1898, beendete den Spanisch-Amerikanischen Krieg; 1905, beendete den Russisch-Japanischen Krieg; 1918, Friedensvertrag zwischen Sowjetunion und Deutschland; 1919, beendete den Ersten Weltkrieg offiziell; 1978, führte zu einer Normalisierung im Verhältnis zwischen Ägypten und Israel; 1998, ebnete den Weg für eine stärkere Eigenverwaltung Nordirlands.

11 1865, 1815, 1936, 570, 1986, 312, 1649, 1793, 753 v. Chr., 1941, 49 v. Chr. und 1917

DIE 2000ER-JAHRE

1 Guantanamo Bay

2 Mike Myers und Cameron Diaz

3 Sydney, Athen und Peking

4 *Bis(s) zum Morgengrauen, Bis(s) zur Mittagsstunde, Bis(s) zum Abendrot* und *Bis(s) zum Ende der Nacht*

5 Rudy Giuliani, George W. Bush, Sie, Wladimir Putin und Ben Bernanke

6 Afghanistan, China, Brasilien, Pakistan, Italien und Tschechien

7 2007, 2008, 2009, 2004, 2003, 2005 und 2001

8 Leni Riefenstahl, Billy Wilder, Victor Borge, Arthur Miller, Walter Cronkite, Evel Knievel, Stieg Larsson, Steve Irwin

9 Roberto Bolaño, Ian McEwan, David Mitchell, Yann Martel, Orhan Pamuk, Junot Diaz, Jonathan Franzen, Khaled Hosseini, Cormac McCarthy und Hilary Mantel

10 *Gladiator, A Beautiful Mind – Genie und Wahnsinn, Chicago, Der Herr der Ringe: Die Rückkehr des Königs, Million Dollar Baby, L.A. Crash, Departed – Unter Feinden, No Country for Old Men, Slumdog Million*är und *T*ödliches Kommando – *The Hurt Locker*

11 Kings of Leon, Green Day, Amy Winehouse, Jay-Z, The White Stripes, Arcade Fire, Kanye West, The Strokes, M.I.A., Radiohead, Coldplay und Arctic Monkeys

SPORT II

1 Sumo

2 Steffi Graf und Angelique Kerber

3 Japan, Niederlande und Spanien

4 Australien Open, French Open, US Open und Wimbledon

5 Point Guard, Shooting Guard, Center, Small Forward und Power Forward

6 Touchdown, Extra Point, Two-Point Conversion, Field Goal, Safety und Fair Catch Kick

7 100 Meter Hürden, Hochsprung, Kugelstoßen, 200 Meter, Weitsprung, Speerwerfen und 800 Meter

8 Schwergewicht, Cruisergewicht, Mittelgewicht, Weltergewicht, Leichtgewicht, Federgewicht, Bantamgewicht und Fliegengewicht

9 The New York Yankees (ehemals: New York Highlanders/Baltimore Orioles), St. Louis Cardinals, Oakland (ehemals: Philadelphia/Kansas City) Athletics, San Francisco (ehemals: New York) Giants, Boston Red Sox (ehemals: Americans), Los Angeles (ehemals: Brooklyn) Dodgers, Cincinnati Reds (ehemals: Redlegs und Red Stockings), Pittsburgh Pirates und Detroit Tigers

10 Tiger Woods, Greg Norman, Nick Faldo, Rory McIlroy, Steve Ballesteros, Luke Donald, Jason Day, Dustin Johnson, Ian Woosnam und Nick Price

11 Ajax Amsterdam, FC Barcelona, Bayern München, Benfica Lissabon, Inter Mailand, Juventus Turin, FC Liverpool, Manchester United, AC Mailand, Nottingham Forest, FC Porto und Real Madrid

MONSTER ALLER ART

1 Godzilla

2 O.C. Marsh und Edward Drinker Cope

3 Salzwasserkrokodil, Nilkrokodil und Orinoko-Krokodil

4 Große Anakonda, Tigerpython, Netzpython und Nördlicher Felsenpython

5 *Jurassic Park*, *Vergessene Welt: Jurassic Park*, *Jurassic Park III*, *Jurassic World* und *Jurassic World: Das gefallene Königreich*

6 Japan, USA, Großbritannien, Schweden, Deutschland, Australien und Südkorea

7 Moskitos, Tsetsefliegen, Schlangen, Skorpione, Nilpferde, Krokodile und Elefanten

8 *Chucky – Die Mörderpuppe, Nightmare – Mörderische Träume, Scream, Schweigen der Lämmer, Freitag der 13., Blutgericht in Texas* (auch: *Kettensägenmassaker*), *Halloween* und *Hellraiser – Das Tor zur Hölle*

9 Yeti, die Sphinx, Sasquatch/Bigfoot, Chimäre, Golem, Typhon, Banshee, Medusa und Hydra

10 Bram Stoker, H.P. Lovecraft, Mary Shelley, Julia Donaldson, Arthur Conan Doyle, Lewis Carroll, J.K. Rowling, Robert Louis Stevenson, Stephen King und Homer

11 Diplodocus, Oviraptor, Triceratops, Ichthyosaurus, Megatherium, Smilodon, Stegosaurus, Velociraptor, Deinonychus, Tyrannosaurus Rex, Euoplocephalus und Pterodactyl

LITERATUR III

1 Aischylos

2 Jem und Scout

3 *Inferno, Purgatorio* und *Paradiso*

4 *Meine geniale Freundin, Die Geschichte eines neuen Namens, Die Geschichte der getrennten Wege* und *Die Geschichte des verlorenen Kinds*

5 *Illuminati, Sakrileg, Das verlorene Symbol, Inferno* und *Origin*

6 *Verstand und Gefühl, Stolz und Vorurteil, Mansfield Park, Emma, Überredung* und *Die Abtei von Northanger*

7 *Der Name der Rose, Das Foucaultsche Pendel, Die Insel des vorigen Tages, Baudolino, Die geheimnisvolle Flamme der Königin Loana, Der Friedhof in Prag* und *Nullnummer*

8 Voltaire, Immanuel Kant, Erasmus, Thomas Hobbes, Roland Barthes, Francis Bacon, Niccolò Machiavelli und Mary Wollstonecraft

9 Arryn, Baratheon, Greyjoy, Lannister, Martell, Stark, Targaryen, Tully und Tyrell

10 Graham Greene, Yukio Mishima, Jack Kerouac, E.M. Forster, Gustave Flaubert, Gregory David Roberts, Franz Kafka, Fjodor Dostojewski, Manuel Puig und Evelyn Waugh

11 *Morgen Kinder wird's was geben; …denn zum Küssen sind sie da; Sonne, Mond und Sterne; Wenn die Mäuse Katzen jagen; Wer hat Angst vorm Schattenmann; Rosenrot, mausetot; Die Stunde der Rache; Mauer des Schweigens; Vor aller Augen; Und erlöse uns von dem Bösen; Ave Maria; Blood* und *Dead*

BERÜHMTE PERSÖNLICHKEITEN II

1 Napoleon Bonaparte

2 Nicolas Sarkozy und Carla Bruni

3 Beyoncé Knowles, Kelly Rowland und Michelle Williams

4 Jimmy Page, John Bonham, John Paul Jones und Robert Plant

5 Danny Wood, Donnie Wahlberg, Joey McIntyre, Jonathan Knight und Jordan Knight

6 Chris Evans, Robert Downey Junior, Chris Hemsworth, Mark Ruffalo, Scarlett Johansson und Jeremy Renner.

7 Angelo, Joey, John, Jimmy, Kathy, Patricia und Paul

8 Abraham Lincoln, Martin Luther King, Julius Caesar, René Descartes, Walter Ulbricht, Thomas Edison, Sokrates und Ludwig XIV.

9 George Washington, John Adams, Thomas Jefferson, James Madison, James Monroe, John Quincy Adams, Andrew Jackson, Martin Van Buren und William Henry Harrison

10 Nelson Mandela, Oscar Wilde, Barack Obama, Maya Angelou, Adolf Hitler, Michael Jackson, Mahatma Gandhi, Karen Blixen, Robert Graves und Bill Gates

11 Simon Petrus, Andreas, Jakobus der Ältere, Johannes, Philippus, Bartholomäus, Thomas, Matthäus, Jakobus der Jüngere, Thaddäus, Simon der Zelot (oder: Simon Kananäus) und Judas Iskariot

MUSIK III

1 Paul Anka

2 Russland und Japan

3 Violinen, Flügel und Gitarren

4 Bill Berry, Peter Buck, Mike Mills und Michael Stipe

5 Cello, Piano, Violine, Gitarre und Flöte

6 Eminem, Madonna, Cher, Prince, Whitney Houston und Michael Jackson

7 Sandie Shaw, Dana, ABBA, Céline Dion, Dana International, Lordi und Conchita Wurst

8 The Eurythmics, The Go-Gos, Blondie, The Supremes, The Eagles, Wham!, Genesis und The Police

9 Henry Mancini, Lalo Schifrin, Ennio Morricone, Max Steiner, Elmer Bernstein, Hans Zimmer, Scott Joplin, John Williams und Michel Legrand

10 Coda, Libretto, Allegro, Crescendo, Diminuendo, Fortissimo, A cappella, Con amore, Sotto voce und Primadonna

11 Streicher: Violinen/Geigen (erste und zweite), Violen/Bratschen, Violoncello, Kontrabässe und Harfen; Holzblasinstrumente: Flöten, Oboen, Klarinetten und Fagotte; Blechbläser: Hörner, Trompeten, Tromboni und Tubas; Perkussion: Pauken, Basstrommel, Schnarrtrommel und Becken

SÜDAMERIKA

1 Die Pampa

2 FC Barcelona und FC Sevilla

3 Brasilien, Ecuador und Kolumbien

4 Feijoada, Empanada, Chimichurri und Picarones.

5 Bolivien, Guyana, Paraguay, Surinam und Uruguay.

6 Santiago, Bogotá, São Paulo, Lima, Buenos Aires und Caracas

7 Peru, Chile, Nicaragua, Bolivien, Venezuela, Argentinien und Brasilien

8 Brasilien, Venezuela, Ecuador, Peru, Venezuela, Argentinien, Uruguay und Bolivien

9 Mario Vargas Llosa, Carlos Fuentes, Jorge Luis Borges, Gabriel García Márquez, Paulo Coelho, Roberto Bolaño, Octavio Paz, Ernesto Che Guevara und Pablo Neruda

10 Friaça, Vavá, Pelé, Zagallo, Amarildo Tavares da Silveira, Zito, Gérson, Jairzinho, Carlos Alberto und Ronaldo

11 Buenos Aires, Sucre (konstitutionell) und La Paz (*Regierungssitz*), Brasilia, Santiago de Chile, Bogotá, Quito, Georgetown, Asunción, Lima, Paramaribo, Montevideo und Caracas

TECHNOLOGIE UND INNOVATION

1 Falcon Heavy

2 Thomas Edison und George Westinghouse

3 James Hargreaves, Thomas Newcomen und Robert Stephenson

4 Der Burdsch Chalifa (Dubai), Shanghai Tower, Mecca Royal Clock Tower (Mekka) und das Ping An Finance Center (Shenzhen)

5 Half-Life, Tomb Raider, The Legend of Zelda, Pokémon und Final Fantasy

6 Tesafilm, Nutella, Tupperware, Pschyrembel, Tipp-Ex und Jacuzzi

7 Nokia, Apple, Samsung, Motorola, HTC, Sony Ericsson und BlackBerry (früher bekannt als Research In Motion Limited/RIM)

8 Walter Gropius, Filippo Brunelleschi, Gian Lorenzo Bernini, Antoni Gaudí, Frank Lloyd Wright, Christopher Wren, Jørn Utzon und James Hoban

9 Laszlo Biro, Alfred Nobel, Clarence Birdseye, Frank Whittle, Percy Spencer, Gustaf Erik Pasch, René Laënnec, Alexander Graham Bell und Tim Berners-Lee

10 American Standard Code for Information Interchange, HyperText Markup Language, HyperText Transfer Protocol, Internet Service Provider, Portable Document Format, Text-to-Speech, Uniform Resource Locator, Universal Serial Bus, User experience und Central Processing Unit

11 Facebook, Amazon.com, Microsoft, Nintendo, Sony, Google, eBay, IBM (International Business Machines), Apple, Samsung und Yahoo!

DIE 2010ER-JAHRE

1 Südsudan

2 London und Rio de Janeiro

3 *Shades of Grey – Geheimes Verlangen, Shades of Grey 2 – Gefährliche Liebe* und *Shades of Grey 3 – Befreite Lust*

4 *Speak Now*, *Red*, *1989* und *Reputation*

5 Mark Zuckerberg, Barack Obama, Papst Franziskus, Angela Merkel und Donald Trump

6 Griechenland, Argentinien, Neuseeland, Kanada, Venezuela und China

7 2017, 2015, 2010, 2011, 2013, 2012 und 2016

8 Nelson Mandela, Lucian Freud, Margaret Thatcher, Hugh Hefner, Ariel Scharon, Elie Wiesel, Wes Craven und Wangari Maathai

9 Anthony Doerr, John Green, Arundhati Roy, Gillian Flynn, Kate Atkinson, Herman Koch, Emma Donoghue, Julian Barnes und Jennifer Egan

10 Katy Perry, Justin Bieber, Barack Obama, Rihanna, Taylor Swift, Ellen DeGeneres, Lady Gaga, YouTube, Cristiano Ronaldo und Justin Timberlake

11 Adele, Lady Gaga, Lana Del Rey, Rihanna, Florence & the Machine, Lorde, Daft Punk, Mumford & Sons, Drake, Katy Perry, Bruno Mars und One Direction

ALLGEMEINWISSEN VI

1 Golf

2 Snoopy und Woodstock

3 Hop, Step und Jump

4 Harold Ramis, Rick Moranis, Bill Murray und Dan Aykroyd

5 Acheron, Kokytos, Lethe, Phlegethon und Styx

6 Kalifornien (Disneyland), Florida (Walt Disney World), Tokio (Disney Resort), Paris (Disneyland), Hongkong (Disneyland Resort) und Schanghai (Disney Resort)

7 Aventin, Caelius, Esquilin, Kapitol, Palatin, Quirinal und Viminal

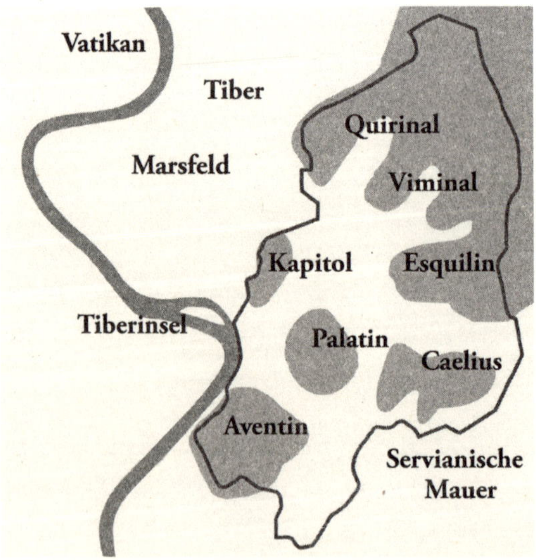

8 Europäische Freihandelsassoziation; Ernährungs- und Landwirtschaftsorganisation der Vereinten Nationen; Internationale Atomenergie-Organisation; Internationale Rotkreuz- und Rothalbmond-Bewegung; Organisation erdölexportierender Länder; Organisation der Vereinten Nationen für Erziehung, Wissenschaft und Kultur; Weltgesundheitsorganisation; Weltorganisation für geistiges Eigentum

9 Einsamkeit, Büchern und Lesen, Tanzen, Geld, Alkohol, Stehlen, ein einzelner Gegenstand/eine einzelne Sache, Feuer und Feuerlegen, Briefmarken

10 Bolivien, Ecuador, Kolumbien, Äthiopien, Bhutan, Eritrea, Jemen, Mexiko, Iran und Kenia

11 Russland, Griechenland, Irland, Hongkong, Bhutan, Israel, Vereinigte Arabische Emirate, Bahrain, Spanien, Niederlande, Deutschland und Estland

Bildnachweis:

Seite 38: Karte: NordNordWest,
Lizenz: Creative Commons by-sa-3.0 de

Seite 39: Clipart.com

Seite 146: Till Niermann / CC BY-SA 3.0

Seiten 153, 208, 215: Library of Congress Prints & Photographs Division

Seiten 58, 167, 194, 233 (rechts), 239 (oben rechts): Public Domain

Seite 170: Globe Photos Inc. / REX / Shutterstock

Seite 198: Keystone Archives / HIP / TopFoto

Seite 239 (oben links): Wolfgang Sauber / CC BY-SA 3.0

Seite 254: Renata3 / CC BY-SA 4.0

Alle anderen Bilder: Shutterstock.com